죽은 교회를 부검하다

AUTOPSY OF A DECEASED CHURCH

Originally published in English under the title:
Autopsy of a Deceased Church
Copyright © 2014 by Thom S. Rainer
Published by B&H Publishing Group, USA. All rights reserved.

Korean translation edition © 2022 by Duranno Ministry. All rights reserved.
This Korean edition published in arrangement with B&H Publishing Group
through Riggins Rights Management.

죽은 교회를 부검하다

지은이 | 톰 레이너
옮긴이 | 정성묵
초판 발행 | 2022. 10. 19.
9쇄 발행 | 2024. 12. 12.
등록번호 | 제1988-000080호
등록된 곳 | 서울시 용산구 서빙고로65길 38
발행처 | 사단법인 두란노서원
영업부 | 02)2078-3333 FAX | 080-749-3705
출판부 | 02)2078-3330

책값은 뒤표지에 있습니다.
ISBN 978-89-531-4331-9 03230

독자의 의견을 기다립니다.
tpress@duranno.com   www.duranno.com

두란노서원은 바울 사도가 3차 전도 여행 때 에베소에서 성령 받은 제자들을 따로 세워 하나
님의 말씀으로 양육하던 장소입니다. 사도행전 19장 8-20절의 정신에 따라 첫째 목회자를
돕는 사역과 평신도를 훈련시키는 사역, 둘째 세계선교™와 문서선교 단행본·잡지 사역, 셋째 예
수문화 및 경배와 찬양 사역, 그리고 가정·상담 사역 등을 감당하고 있습니다. 1980년 12월
22일에 창립된 두란노서원은 주님 오실 때까지 이 사역들을 계속할 것입니다.

죽은 교회를
부검하다

왜
그 교회는 문을
닫았을까

톰 레이너 지음

정성묵 옮김

두란노

우리의 교회는 다시 소생할 수 있다.

변할 것인가, 죽을 것인가

지금 당신의 결단이 필요하다.

CONTENTS

Part 2
교회의 생명력을 유지시키는 12가지 길
아직 소망과 해법이 있다

수많은 교회들의
죽음의 이유를
찾아서

10년 전의 일이다. 죽기 직전의 환자가 있었다. 당시 그녀는 무척 아팠지만 그 사실을 인정하지 않으려고 했다. 기껏해야 한 줄기 빛 정도의 희망만 있었다. 하지만 철저한 변화 없이는 그 희망은 현실로 이루어질 수 없었다. 그녀는 삶의 변화에 대해 전혀 준비가 되어 있지 않았다. 사실, 그녀는 그 어떤 변화도 한사코 거부했다. 병세가 몹시 깊었는데도 막무가내였다. 아니, 병세가 깊은 정도가 아니라 죽어가고 있었다.

나는 그녀에게 나쁜 소식을 솔직하게 전해 주었다. "당신은 죽어 가고 있소." 최대한 연민의 감정을 담아서 말하려고 노력했다. 이런 소식을 전하게 되어서 몹시 미안했다. 하지만 그녀를 정신 차리게 하려면 이 방법밖에 없었다.

나는 기껏해야 5년밖에 더 살지 못할 것이라고 말하기까지 했다. 사실, 5년도 길게 본 것이었다. 그녀가 당장 죽어도 크게 놀라운 일이 아니었다. 하지만 그녀는 현실을 부정했을 뿐 아니라 심히 분노했다.

"보여 주고 말겠어요. 당신이 틀렸다는 것을 증명해 보이겠어요. 저는 전혀 죽어 가고 있지 않아요."

그녀의 말은 단호했다. 저항과 분노가 서려 있었다. 내가 떠날 시간이 되었다. 나는 할 만큼 다했다. 그래서 나는 떠났다. 화는 나지 않았다. 단지 슬펐을 뿐이다. 몹시 슬펐다.

인정해 줄 것은 인정해 주어야 한다. 그녀의 말은 진심이었다. 그녀는 5년 안에 죽지 않았다. 그녀는 10년을 더 생존하는 끈기를 보여 주었다. 하지만 지난 10년 동안 그녀는 말이 살아 있는 것이지 고통과 질병과 절망으로 가득한 채 겨우 숨만 쉬고 있었다.

그녀의 장기적인 생존이 과연 좋은 것이었는가

하는 의문이 든다. 그녀는 조금도 나아지지 않았다. 서서히, 고통스럽게 망가져갔다. 그러다가 죽어 버렸다.

얼마나 생존할 수 있을까

그녀의 이름은 물론 교회이다. 실재했던 교회, 중서부에 있었던 교회, 아마도 거창한 비전 가운데 탄생했을 교회이다. 하지만 더 이상 비전이 없었기에 죽은 교회이다.

나는 10년 넘게 그 교회의 컨설턴트로 섬겨 왔다. 그 교회의 출석 교인의 수는 수년 전에 정점에 이르렀다. 1975년의 '좋았던 옛날'에는 750명이 그 교회에서 모여 예배를 드렸다. '좋았던 옛날'에 관해서는 잠시 후에 다시 이야기하자.

내가 처음 방문할 즈음, 그 교회의 출석 교인의 수는 평균 83명으로 떨어져 있었다. 주일 아침, 거대한 성전은 작은 무리의 사람들을 집어삼키는 것처럼 보였다.

대부분의 교인들은 나를 원하지 않았다. 그들은 듣기 싫은 소리를 해 줄 컨설턴트에게 돈을 지불할 생각이 전혀 없었다. 한 부유한 교인이 혼자서 컨설턴트 비용을 감당하겠다고 나선 뒤에야 교인들은 마지못해 내 컨설팅을 받기로 동의했다.

나는 3주간 그 교회를 분석했다. 문제는 분명했다. 그리고 해법은 어려웠다. 마지막 날에 그 후한 교인이 내가 탄 자동차로 다가왔다. "좀 어떻습니까?" 내가 이해하지 못한 것처럼 보이자 그는 더 직접적으로 물었다. "저희 교회가 얼마나 생존할 수 있을까요?" 나는 기껏해야 5년이라는 암울한 진단을 내놓았다.

물론 정확한 숫자는 틀렸다. 그 교회는 최근에야 문을 닫았다. 죽어 가는 많은 교회와 마찬가지로 그 교회는 끈덕지게 숨을 붙잡았다. 그 교회는 나의 말기 진단 이후에도 10년을 버텼다.

그 부유한 교인은 그 교회가 공식적으로 문을 닫고 나서 내게 전화를 걸었다. 우리는 1시간 넘게 이야기를 나누었다. 내 진단이 옳았다는 사실이 전혀 기분이 좋지 않았다. 그와 나는 함께 지난 십 수 년을 돌아보았다. 우리는 꽤 정확한 부검을 할 수 있었다.

우리는 그 교회가 죽은 이유를 더 분명히 확인할 수 있었다. 부검이 즐겁지는 않았지만 꼭 필요한 일이라고 생각했다.

왜 부검의 고통을 감내해야 하는가

나의 누나는 내가 태어나기도 전에 세상을 떠났다. 아버지가 의사를 설득해 부검을 했다는 사실을 최근에야 알게 되었다. 아버지는 그 모든 과정을 두 눈으로 확인했다. 슬픔에 빠진 아버지는 사랑하는 딸 에이미(Amy)가 죽은 이유를 알아야 했다. 에이미의 작은 심장이 왜 멈추었는지 알아야만 했다. 아버지는 반드시 알아야 했다.

왜 내가 교회들이 죽은 이유를 확인하는 고통스러운 작업 속으로 당신을 끌어들였을까? 우리는 알아야 하기 때문이다. 인간에 대한 부검은 사람이 죽은 이유를 알아내기 위해 이루어진다. 부검을 하면 유족들은 사랑하는 사람들이 똑같은 전철을 밟지 않도록 필요한 정보를 얻을 수 있다.

때로 법의학자는 살인이나 사고가 어떤 식으로 이루어졌는지를 알기 위해서 부검을 실시한다. 정보는 언제나 유용하다. 때로 정보는 정의를 가져온다. 그렇다고 해서 부검이 유쾌하다는 뜻은 아니다.

나는 당신에게 14개 교회의 부검 결과를 보여 줄 것이다. 단, 각 교회별 보고서를 제시하지는 않을 것이다. 그것은 불필요하기 때문이다. 대신, 죽은 이 교회들에 관해서 내가 발견한 사실들을 정리해서 보여 줄 참이다.

모든 것을 내게 솔직하게 고백해 준 이들, 나와 함께 부검을 진행해 준 이들에게 깊이 감사한다. 그들은 한때 살아 있었지만 지금은 죽은 교회의 교인들이었다. 그들 모두는 나와 함께 부검의 고통을 감내해 주었다.

그 교회들의 교단은 다양하다. 어느 교단에도 속

하지 않은 교회도 있다. 지역도 다양하다. 그 지역의 인구통계도 천차만별이다. 하지만 한 가지 중요한 면에서 그 교회들은 매우 비슷했다. 즉 그 교회들은 죽음에 이르는 길을 따라갔다.

예수님은 베드로에게 교회는 죽지 않을 것이라고 말씀하셨다. "또 내가 네게 이르노니 너는 베드로라 내가 이 반석 위에 내 교회를 세우리니 음부의 권세가 이기지 못하리라"(마 16:18). 실제로 교회는 죽지 않을 것이다. 하지만 지교회들은 많이 죽었고, 이 시각에도 죽어 가고 있다.

비록 고통스러운 과정이지만 이 부검이 오늘날 교회의 리더들과 평신도들에게 도움이 되기를 간절히 소망한다. 미국에만 10만 개[1]의 교회가 죽음으로 향하는 징후들을 보이고 있다.

하나님이 교회들에 새생명을 불어넣기 위해 필요한 변화를 단행할 용기를 우리에게 주시기를 간절히 소망한다.

결단의 기도

각 장에서 당신은 간단한 한 가지 질문을 받을 것이다. "기도로 결단하겠는가?"

결단은 당신과 하나님 사이에서 이루어지는 것이다. 하나님이 더 이상 현재 상태에 만족하지 않는 교인들의 군대를 일으켜 세워 주실지도 모른다.

부검을 관찰하는 고통은 그것을 경고로 받아들여 삶을 위한 노력까지 나아갈 때만 유익하다. 이 책은 과거를 골몰히 생각하는 것이 아니라 미래에 열매를 맺는 것에 관한 책이다. 각 장의 결단 기도는 많은 사람이 오르지 못한 언덕을 오르겠다는 긍정적인 도전의 기도이다. 이 책에서는 결단이 매우 중요하다. 부검의 경고에 귀를 기울이면 생각보다 훨씬 큰 유익을 거둘 수 있을 것이다.

결단 기도

저희 교회를 하나님의 눈으로 볼 수 있는 눈을 열어 주십시오. 당장 고통스럽더라도 변화가 필요한 부분을 보여 주십시오. 그리고 어떤 대가가 따르더라도 그 변화의 도구로 저를 사용해 주십시오.

소그룹에서 함께 나눌 질문들

1. 오늘 당신의 교회가 '건강 검진'을 받는다면 어떤 진단이 나올 것 같은가? 건강하다? 약간 아프다? 매우 아프다? 죽어 가고 있다? 이유는 무엇인가?

2. 죽어 가는 교회의 교인들은 왜 교회가 아프다는 사실을 인정하지 않으려고 할 때가 많은가?

3. 마태복음 16장 18절에서는 음부의 권세가 이기지 못할 것이라고 말했다. 어떻게 교회가 죽을 수 있는지를 설명해 보라.

사라지는
교회들

PART 1

사인 1

점진적인 쇠퇴

아무도
알아채지 못할 만큼
서서히 쇠퇴했다

나는 오랫동안 고향에 가지 않았다. 우리 어머니는 1997년에 세상을 떠나셨다. 어머니는 우리 가족 중에서 가장 마지막까지 고향에서 사셨다. 어머니가 돌아가신 뒤로 고향에는 더 이상 직계 가족이 없기 때문에 나는 고향에 돌아갈 이유가 없었다.

　그런데 어머니가 돌아가시고 나서 10년도 더 지나서 고향에 가게 되었다. 나는 깜짝 놀랐다. 상상을 초월할 정도로 황폐해져 있었기 때문이다. 작은 마을인 내 고향은 마치 유령 도시처럼 보였다. 대로에 있던 몇몇 가게들은 문을 닫아 텅텅 비어 있었다. 한때 가게의 명칭이 적혀 있던 유리 위에는 희미한 페인트 윤곽만 남아 있었다. 가게들을 지나치며 어릴

적 기억이 새록새록 떠올랐다.

물론 나의 고향은 원래부터 특별히 시골벅적한 동네가 아니었다. 1960년대와 1970년대, 대부분의 사람들은 우리 마을을 평온한 마을이라고 여겼다. 만약 미국 배우 앤디 그리피스(Andy Griffith)의 팬이라면 그가 출현한 가상의 마을인 메이베리(Mayberry)와 비슷하다고 생각하면 이해가 될 것이다. 편의시설은 부족했지만 나름대로 어린 시절을 보내기에는 좋은 곳이었다.

창문을 통해 문을 닫은 상점들의 안을 들여다보았다. 바닥과 텅 빈 진열대 위에는 온통 먼지만 수북했다. 상점마다 생생한 기억을 소환했다. 상점마다 나를 과거로, 이 마을의 좋았던 시절로 데려갔다.

하지만 이제 마을의 전반적인 상태는 안타까웠다. 고향이 내 어릴 적과 다를 줄은 알았지만 기대했던 것보다 훨씬 더 안 좋았다. 어릴 적에 자주 갔던 패스트푸드 전문점들 중 한 곳을 가 보기로 했다. 그곳 역시 문을 닫았다. 10년은 비어 있었던 것처럼 보였다.

그날, 고향에서 평생 살았던 한 지인과 이야기를 나누었다. 그는 60대 중반이었다. 나는 항상 단도직입적으로 말하는 편이라, 고향에서 무슨 일이 있었던 것인지 물었다. 그의 어리둥절한 표정과 짧은 질문은 모든 것을 말해 주었다. "무슨 뜻인가요?"

그는 황폐화를 눈치채지 못했다. 그는 내가 본 유령 도시를 보지 못했다. 그의 시각은 하루 단위였다. 그런데 하루에는 많은 변화가 눈에 들어오지 않는다. 먼지가 쌓이는 것은 몇 시간만에 감지가 되지 않는다. 그에게 나의 고향은 반세기 전과 다름없는 곳이었다. 그가 볼 때는 바뀐 것이 별로 없었다.

느린 침식

한 교회에 오래 다닌 교인이 자기 교회의 쇠퇴를 눈치채기란 쉽지 않다. 성장은 급속도로 나타날 수 있지만 쇠퇴는 대개 눈에 띄지 않을 만큼 천천히 진행되기 때문이다. 이런 느린 쇠퇴는 가장 심각한 형

태의 쇠퇴이다. 교인들이 변화의 필요성을 절박하게 느끼지 않기 때문이다. 그들은 매주 교회를 보고 있다. 그래서 그들의 눈에 점진적인 쇠퇴는 보이지 않는다.

쇠퇴는 주로 물리적인 시설들에서 나타난다. 하지만 건물만 쇠퇴하는 것이 아니다. 한때 생동감이 넘쳤던 사역들이 쇠퇴한다. 교회에 남아 있는 교인들의 기도 생활이 쇠퇴한다. 내부보다 외부에 초점을 맞추는 태도가 쇠퇴한다. 지역 사회와의 연계성이 쇠퇴한다. 남아 있는 교인들의 소망과 꿈이 쇠퇴한다. 쇠퇴가 교회 구석구석에서 진행되고 있지만 많은 교인이 그것을 보지 못한다.

성전의 방치와 하나님의 진노

나와 함께 BC 520년으로 시간 여행을 가 보자. 정말, 정말 오래전이라는 것을 안다. 하지만 이 이야기는 지금도 여전히 매우 중요하다. 이는 구약의 학개

서에 기록되어 있다.

유대의 남은 자들은 오랜 포로 생활 끝에 예루살렘으로 돌아왔다. 그들은 폐허가 된 도시를 보고 재건을 시작했다. 첫 번째 사업은 하나님의 전인 성전을 건축하는 일이었다. 그들은 먼저 기초부터 놓았다. 하지만 성전 건축을 하다 말고 자신들의 안락을 위해 각자의 집을 짓기 시작했다. 10년 동안 그들은 하나님의 집을 방치했다.

성전을 상상해 보라. 하나님의 집을 상상해 보라. 성전의 기초 위에 수북이 쌓인 먼지를 보라. 기초 위로 타고 넘는 포도나무 덩굴들을 보라. 성전의 황폐화를 보라. 마침내 하나님이 말씀하신다. 하나님은 황폐함을 눈치채지 못하는 유대인들을 나무라신다. 하나님은 그들이 성전 건축을 멈춘 것을 지적하신다.

만군의 여호와가 이같이 말하여 이르노라 이 백성이 말하기를 여호와의 전을 건축할 시기가 이르지 아니하였다 하느니라 여호와의 말씀이 선지자 학

개에게 임하여 이르시되 이 성전이 황폐하였거늘
너희가 이때에 판벽한 집에 거주하는 것이 옳으냐
(학 1:2-4).

하나님은 진노하셨다. 하나님의 집을 건설해야
하는데, 그 집이 폐허가 된 상태로 방치되어 있었기
때문이다.

너희가 그것을 집으로 가져갔으나 내가 불어 버렸
느니라 나 만군의 여호와가 말하노라 이것이 무슨
까닭이냐 내 집은 황폐하였으되 너희는 각각 자기
의 집을 짓기 위하여 빨랐음이라(학 1:9).

2,500년 전에 하나님의 백성들은 그분의 성전을
건설하는 일을 게을리 했다. 그들도 점진적인 쇠퇴
를 겪고 있었던 것으로 보인다. 하나님은 그런 쇠퇴
를 기뻐하시지 않았다. 하나님은 지금도 여전히 그
런 쇠퇴를 기뻐하시지 않는다.

결단 기도

하나님, 제가 문제가 아닌 해법의 일부가 되게 해 주십시오. 제가 보아야 할 것을 보여 주십시오. 하나님의 눈으로 현실을 볼 수 있도록 제 눈을 열어 주십시오. 주께서 원하시는 방향으로 나아갈 용기를 제게 주십시오.

소그룹에서 함께 나눌 질문들

1. 20년 전 당신의 교회는 지금에 비해 어떠했는가? 솔직한 평가를 위해 다른 사람들과 이야기를 나누어 보라. 점진적인 쇠퇴의 징후들이 보이는가?

2. 학개 1장에 기록된 성전 건축을 방치한 일이 오늘날의 점진적인 쇠퇴와 어떤 면에서 비슷한가?

3. 학개 1장 9절에서 "너희는 각각 자기의 집을 짓기 위하여 빨랐음이라"라는 하나님 말씀은 무슨 뜻인가?

사인 2

과거의 영광

어떤 변화도
한사코
거부했다

부검의 결과들을 보기 전에 먼저 이 사실을 기억하라. 그 교회들은 몇 가지 점들을 잘 다루었다면 쇠퇴의 흐름을 바꿀 수도 있었다. 하지만 그 교회들의 남은 교인들은 현실을 부정했다. 그들은 엄연히 벌어지고 있는 점진적인 쇠퇴를 보지 못했다.

문을 닫은 대부분의 미국 교회들은 한두 가지 시끄러운 사건으로 문을 닫은 것이 아니었다. 대부분의 경우, 아니 사실상 내가 조사한 모든 교회에서의 문제는 점진적인 쇠퇴였다. 그 교회들이 현실을 직시하고 하나님의 능력으로 상황을 반전시켰다면 부검은 필요하지 않았을 것이다.

하지만 그 교회들은 그렇게 하지 않았다. 그 이

유로 인해 우리는 죽은 그 교회들을 조사해 보아야
한다.

'좋았던 옛날' 속에서 살다

부검에서 가장 많이 나타나는 사실은, 죽은 교회
들이 오랫동안 과거를 전성기로 여기면서 살아왔다
는 것이다. 그 교회들은 절박감과 두려움 속에서 과
거를 꽉 붙잡고 있었다. 내부나 외부의 요인들이 과
거를 바꾸려고 할 때마다 그 교회들은 분노와 고집
으로 반응했다. "우리는 변하기도 전에 죽을 것이
다."

그리고 그 교회들은 죽었다. 똑똑히 들으라. 그
교회들은 성경의 진리를 붙잡고 있지 않았다. 그 교
회들은 분명한 기독교 윤리를 붙잡고 있지 않았다.
그 교회들은 중요한 교리나 부차적인 교리, 심지어
사소한 교리들을 위해서 싸운 것도 아니었다. 아니,
그 교회들은 아예 교리를 위해 싸우지 않았다.

그 교회들은 과거를 붙잡고 싸웠다. 좋았던 옛날, 늘 해 오던 방식, 오늘도 계속되기를 바라는 방식을 고수하며 싸웠다.

물론 그 교회들에도 이견을 제시한 선지자들이 있었다. 그들은 자신들의 교회가 변하지 않으면 죽을 것이라고 사람들에게 경고했다. 하지만 과거의 옹호자들은 귀를 열지 않았다. 그들은 맹렬히 저항했다. 결국 선지자들은 떠났고, 죽음은 점점 더 가까워졌다.

그러나 믿음의 영웅들은 미래를 바라보며

'영웅'은 대개 좋은 단어이다. 이것은 뭔가 놀랍고 용감하고 주목할 만한 일을 한 사람을 가리킨다. 조국을 위해 싸우는 남녀는 영웅이다. 그들은 우리의 자유와 안전을 위해 목숨을 걸고 싸운다. 경찰과 소방관처럼 사고 현장에 가장 먼저 달려가는 이들은 영웅이다. 그들은 우리의 공동체를 안전하게 지켜

준다. 그들은 우리를 보호해 준다. 그들은 자신들의 안위, 심지어 목숨까지 희생하면서 우리를 지켜준다.

나는 히브리서 11장을 즐겨 읽는다. 대부분의 성경 편집자들은 이 장에 '믿음의 영웅들'이라는 부제를 삽입했다. 하나님께 더 나은 제사를 드렸던 아벨, 하나님이 죽기 전에 데려가신 에녹, 방주를 지은 노아, 하나님이 어딘가로 가라고 하시자 그곳이 어딘지 전혀 모르는데도 순종해서 길을 떠난 아브라함, 임신이 불가능한 늙은 나이에 아이를 낳은 사라, 미래 세대를 축복한 이삭, 이스라엘 백성을 이주시킨 요셉, 애굽을 떠나 약속의 땅으로 향한 모세, 라합, 기드온, 바락, 삼손, 입다, 다윗, 사무엘, 선지자들이 '믿음의 영웅들'이다.

히브리서 기자에 따르면, 이 모든 사람은 순종의 결과가 무엇인지 모르는 상황에서도 하나님께 순종했기 때문에 믿음의 영웅들이었다. 그들은 스스로를 이 땅과 이생의 나그네요 이 지구의 임시 거주민들로 여겼다(히 11:13).

그들은 이생이 잠시뿐이고 더 나은 영원한 삶이 자신들을 기다리고 있는 줄 알기에 자신들의 안위, 집, 삶의 방식, 재물을 기꺼이 포기했다.

그들의 마음속에 '좋았던 옛날'은 존재하지 않았다. 그들의 가장 좋은 날은 미래에 있었다. 그들은 이생이 편하게 즐길 시간이 아니라는 사실을 이해했다.

과거가 우리의 기준이 되면

오늘, 화가 머리끝까지 난 사람에게서 이메일을 받았다. 그는 나에게 화가 난 것 같은데 도대체 왜 나한테 화를 내는지 잘 모르겠다. 그는 1970년대와 1980년대, 그리고 이전의 교회들이 어떠했는지를 설명했다. 그는 현재의 음악 스타일에 화가 나 있었다. 그는 현재의 교회 건축 스타일에 화가 나 있었다. 그는 오디오 스피커와 대형 스크린에 대해 화가 나 있었다. 그는 '적절한' 교회 복장에 관해서 화가 나 있었다.

그는 극도로 화가 나 있었다. 사실, 그는 내가 아닌 다른 사람에게 편지를 썼어야 옳았다. 나의 자녀들에게 물어보라. 나는 유행을 잘 따라가지 못하는 사람이다.

과거는 그의 영웅이었다. 그는 이 세상의 것들을 굳게 붙잡고 있었다. 그런데 그것들이 자신의 손에서 빠져나가자 화가 나고 상처를 입고 두려움에 빠졌다.

오해하지는 말라. 과거는 존중하고 기억해야 할 것들이 많다. 나는 나보다 앞서 간 많은 이에게 깊이 감사한다. 내 삶을 형성한 과거의 사건들과 사람들에게 감사한다.

나는 부모를 기억하고 있다. 부모가 나에게 미친 영향력은 두 분이 세상을 떠난 지 한참이 지난 지금까지도 조금도 줄어들지 않고 있다. 나는 내게 복음을 전해 준 고등학교 미식축구 팀 감독을 기억한다. 베트남에 가서 돌아오지 못한 친구를 기억한다. 그는 나를 포함한 이 나라를 위해 목숨을 버렸다. 나는 세례를 받았던 앨라배마 주 애니스턴(Anniston)의 교회를 기억한다. 그 교회에서 일어났던 모든 일은 나의 '좋았던 옛날'을 형성하고 있다. 그렇다. 우리는 과거를 존중해야 한다. 우리는 과거를 존경해야 한다.

하지만 과거 속에서 살 수는 없다.

과거를 버리지 못한 최후

해리 트루먼(Harry Truman)이라는 이름을 아는가? 더 정확히 말하면, 해리 랜달 트루먼(Harry Randall Truman)이라는 이름을 아는가? 전 미국 대통령은 아니다. 그는 워싱턴 주의 세인트헬렌스 산(Mount St. Helens) 자락에 있던 한 집의 주인이었다. 1980년대, 그 산은 거대한 화산 폭발의 징후들을 보이고 있었다. 실제로 한 전문가는 대규모 화산 폭발의 가능성이 100퍼센트라고 선포했다.

트루먼의 집은 산자락에 있는 스피릿호수(Spirit Lake)의 남쪽 끝에 자리하고 있었다. 그곳은 용암이 지나갈 확률이 가장 높은 지점이었다. 그렇게 되면 그는 꼼짝없이 죽을 수밖에 없었다. 정부 관리들은 그에게 집을 떠나라고 경고했다. 친구들은 이사하지 않는 것은 자살이나 다름없다고 말했다. 가족들은 죽지 말고 떠나라고 애원했다.

1980년 5월 18일, 결국 대규모 화산 폭발이 일어나고 말았다. 용암은 트루먼의 집이 있는 쪽으로 곧장 흘러갔다. 1980년 5월 18일, 해리 랜달 트루먼은 목숨을 잃었다. 그는 죽을 것을 뻔히 알면서도 집을 버릴 수 없었다.

그렇다면 죽은 교회들은 무엇을 고집스레 붙잡고 있었을까? 그 교회들은 죽을 것을 뻔히 알면서도 무엇을 한사코 버리지 않았을까? 예배 스타일이 분명 그 목록에 포함된다. 그 교회들은 정해진 예배 순서와 예배 시간을 버릴 수 없었다. 어떤 교회들은 건물과 예배실, 특히 예전 교인들 중 한 사람을 기념해서 지은 건물을 고집스레 붙잡았다. 어떤 교회들은 30년 전에 부임한 목사 외에 그 어떤 새로운 목사도 받아들지 않았다.

하지만 가장 치명적인 항목은 죽어 가는 그 교회들이 사람들의 필요보다 자신들의 필요에 집중했다는 점이다. 그 교회들은 외부가 아닌 내부에 초점을 맞추었다. 그 교회들의 최우선 사항은 늘 해 오던 방식, 가장 편안한 기존의 방식을 유지하는 것이었다.

그 교회들의 교인들은 단순히 교회의 과거만 붙잡고 있지 않았다. 그들은 개인적인 차원에서도 좋았던 옛날을 놓지 못했다. 그래서 이생의 그 무엇도 붙잡지 않았던 히브리서 11장의 영웅들과 달리, 그 죽어 가는 교회들은 모든 것을 붙잡았다. 특히, 자신들에게 편안함과 행복감을 주는 것들을 놓지 못했다. 이것이 현재 그 교회들이 과거 속에 있는 이유이다.

그 교회들은 경고의 메시지들을 들었다. 그 교회들은 죽음이 다가옴을 뻔히 알고 있었다. 그 교회들은 모든 징후를 보았다. 하지만 해리 랜달 트루먼처럼 그 교회들은 변화보다 죽음을 선택했다. 그래서 결국 죽음을 맞았다.

Prayer

결단 기도

하나님, 히브리서 11장의 영웅들처럼 되기 위한 확신과 용기를 주십시오. 제가 교회에서 개인적인 취향과 형식에 얽매이지 않도록 가르쳐 주십시오. 과거를 놓는 방법뿐 아니라 어느 영역에서 과거를 놓아야 할지 보여 주십시오. 그래서 하나님의 명령에 따라 그 과거를 놓게 해 주십시오.

소그룹에서 함께 나눌 질문들

1. 당신의 교회에서 단순히 취향 때문에 변화를 거부하고 있는 영역들이 있는가?

2. 히브리서 11장의 영웅들은 어떤 공통점을 보여 주는가?

3. 히브리서 11장 13-16절을 읽고, 과거를 꽉 붙잡은 채 죽어 가는 교회들과 관련해서 그 구절에 관해 토론하라.

사인 3

지역 사회를 외면

그들만의
교회였다

부검 결과, 14개 교회 중 몇 곳에서 이 증상이 보였다. 교회가 공식적으로 죽기 전 교인들의 얼굴을 보라. 그리고 그 교회가 위치한 지역 사회에 사는 대다수 사람들의 얼굴을 보라. 두 얼굴은 전혀 다르다.

내가 들은 전형적인 시나리오는 이렇다. '좋았던 옛날'에 지역 주민들이 그 교회로 몰려오면서 교회는 급성장을 이루었다. 그 교회는 지역 사회의 일부로서 지역 사회를 닮아 있었다.

그러다가 지역 사회가 변하기 시작했다. 어떤 경우에는 인종의 변화가 나타났다. 연령대가 달라진 경우도 있었다. 그런가 하면 사회경제적 변화가 나타나기도 했다. 어떤 경우든, 변화는 실질적이었고 그 교회의 교인들은 그 변화를 느꼈다.

지역 사회의 변화들은 대개 미묘하게 이루어졌다. 교회의 한 가족이 마을의 다른 구역으로 이사했다. 얼마 뒤 다른 가족들도 그곳으로 갔다. 사람들이 교회로 들어오고 나가는 것은 주로 느리고 거의 눈에 띄지 않게 이루어졌다. 하지만 그것은 매우 실질적인 변화였다.

20-30년간 그 교회는 기존의 방식을 고수했다. 그 방식이 지역 사회의 새로운 주민들에게 통하지 않았지만 그렇다고 해서 기존 교인들이 대거 빠져나가지는 않았다. 그들은 이사를 한 뒤에도 기존 교회에 계속해서 출석했다. 그것은 그곳이 그들의 교회였기 때문이다.

하지만 자녀들, 특히 손자들은 달랐다. 이 세대 중 일부는 고향을 완전히 떠났다. 고향을 떠나지 않았지만 그 지역의 다른 교회로 떠나간 이들도 있었다. 그들은 자신의 교회로 생각되지 않는 교회까지 멀리 차를 타고 갈 필요성을 느끼지 못했다.

그렇게 그 교회는 죽음을 향해 걸어가기 시작했

다. 한 가족이 빠져나갈 때마다 그 교회는 조금씩 쇠퇴해 갔다. 그리고 물론 교인들의 연령대는 점점 높아져만 갔다. 그 지역에 살다가 타지로 이사한 교인들은 교회에서 가장 나이가 많았고, 젊은 가족들은 유입되지 않았다.

가끔, 아주 가끔 지역 사회에 다가가기 위한 노력이 미미하게나마 있었다. 하지만 그 시도는 지역 주민들에게 교회에 오라고 말하는 것이 전부였다. 지역 사회 속으로 들어가려는 노력은 거의 없었다.

그리고 교회의 리더 자리를 현재의 지역 주민들에게 넘겨야 할 필요성을 언급하는 사람은 단 한 명도 없었다. 외부인들에게는 상식처럼 보이는 것이 교인들에게는 반역이었다.

그곳은 엄연히 그들만의 교회였다. 지역 주민들은 교회에 동전 한 푼도 주지 않았다. 그런데 왜 그들에게 교회를 넘겨야 한단 말인가.

요새가 되어 버린 교회

'요새'란 말을 들으면 어떤 이미지가 떠오르는가? 중세의 성, 육군기지, 꽁꽁 닫힌 철문과 성 주위를 둘러싼 강으로 이루어진 거대한 건물, 외부 세계는 들어오는 것이 거의 불가능한 곳 등인가?

이 모든 이미지가 적절하다. 요지는 사람들과 재물들을 안에 안전하게 두고, 밖에서 사람들이 들어오지 못하도록 막는 곳이다.

죽어 가는 교회의 교인들과 이야기를 나누어 보면 자신들의 교회가 요새라는 사실을 철저히 부정한다. 하지만 부검을 해 보면 요새화가 진행되고 있다는 사실이 분명히 나타난다. 지역 주민들은 그 교회에서 환영받는다고 느끼지 못한다. 교인들은 지역 주민들에게 다가가는 것보다 기존의 교회 방식을 보호하는 데 더 신경을 쓴다.

이 교회는 사실상 요새이다. 이 교회의 교인들은 지역 사회에 영향을 미치기 위해 큰 변화를 준다는 것이 두렵기만 한 일이다. 지역 주민들에게 교회의 리더 자리를 넘긴다는 것은 있을 수도 없는 일이다.
그들은 "이곳은 우리의 요새이다. 외부인들은 환영
하지 않는다. 교회를 현재의 모습으로 유지하기 위
해 죽을 때까지 싸울 것이다"라고 말한다.

그 죽음의 날은 그리 멀지 않았다.

지역 사회를 향한 마음을 잃은 결과

지역 사회를 향한 마음과 목회를 잃어버린 교회
는 죽음을 향해 걸어가고 있다. 신약은 지역 교회들
을 언급할 때마다 타인 중심의 태도를 강조했다.

바울은 빌립보 교인들에게 남들의 일을 자신들의
일인 것처럼 돌보라고 말했다.

> 그러므로 그리스도 안에 무슨 권면이나 사랑의 무
> 슨 위로나 성령의 무슨 교제나 긍휼이나 자비가 있
> 거든 마음을 같이하여 같은 사랑을 가지고 뜻을 합
> 하며 한마음을 품어 아무 일에든지 다툼이나 허영

으로 하지 말고 오직 겸손한 마음으로 각각 자기보다 남을 낮게 여기고 각각 자기 일을 돌볼뿐더러 또한 각각 다른 사람들의 일을 돌보아 나의 기쁨을 충만하게 하라(빌 2:1-4).

무슨 말인지 이해했는가? 활발하게 살아 있는 교회들은 주변 사람들의 일을 돌본다. 그 교회들은 지역 사회에 관심을 갖고, 남들에게 문을 열어 준다.

하지만 죽어 가는 교회들은 자신의 보존에만 관심이 있다. 그 교회들은 특정한 교회 방식에만 관심을 가진다. 그 교회들은 자기중심적이다. 지역 사회에 대해 문이 닫혀 있다. 더 슬픈 사실은 죽어 가는 교회의 교인들이 하나님이 찾아가 섬기라고 명령하신 이들에 대해 문이 닫혀 있다는 사실을 고집스럽게 인정하지 않는다는 점이다. 우리의 부검 결과, 어느 시점에서 그 교회들은 지역 사회로 찾아가 섬기는 일을 멈추었다.

우리가 그 사실을 어떻게 알 수 있었을까? 그 교회들은 자신들이 위치한 지역을 전혀 닮아 있지 않

왔다. 설사 그 지역을 닮아 있다 하더라도 주변 사람
들을 섬기는 일을 그만두었다.

하나님은 우리에게 안이 아닌 밖을 보라고 명령
하셨다. 우리의 부검 결과, 그 교회들은 자기중심적
으로 변해 자기만족을 추구하고 있었다.

Prayer

결단 기도

하나님, 제 교회와 저에게 지역 주민들을 향한 마음을 주십시오. 사람들을 하나님 아버지의 눈으로 보게 해 주십시오. 이 지역의 주민들이 우리를 이끌고 가르칠 수 있도록 이 교회를 내려놓을 용기와 지혜를 주십시오.

소그룹에서 함께 나눌 질문들

1. 당신의 교회는 지역 사회로 나아가 섬기기 위해 노력하고 있는가? 지역 사회를 더 잘 섬기기 위해 권한까지 포기할 자세가 되어 있는가? 답을 하고, 거기에 대해 설명해 보라.

2. 교회는 언제 요새처럼 행동하는가?

3. 빌립보교회에 대한 바울의 권고는 지역 사회에 영향을 미치려는 오늘날의 교회들에 어떻게 적용되는가?

4

사인 4

탐욕

내부 지향적으로만
예산을
사용했다

교회를 부검할 때는 반드시 돈을 추적해야 한다. 돈이 있는 곳에 마음도 있기 때문이다. 죽은 교회들의 마지막 몇 년간의 예산을 살펴보면 예측 가능한 패턴들을 확인할 수 있다. 그리고 예상했을지 모르겠지만, 죽어 가는 교회의 교인들은 재정적인 측면에서 죽음의 행진이 서서히 진행되고 있다는 사실을 꿈에도 모른다.

웰링턴 R. 버트(Wellington R. Burt)는 1919년에 죽었다. 당시 그는 미국에서 가장 부유한 사람 중 한 명으로 알려져 있었다. 그는 목재 사업으로 막대한 부를 축적했다. 생전에 그는 미국의 부호 서열에서 8위를 기록하기도 했다. 그에게는 정치 권력도 있었다.

그는 미시건 주 새기노(Saginaw)의 시장과 미시건 주 상원의원을 역임했다. 그리고 그는 매우 탐욕스러웠다.

그의 유언장은 그의 탐욕을 적나라하게 보여 주었다. 그는 마지막 손자가 죽고 나서 25년이 지날 때까지 자신의 재산 중 단 한 푼도 다른 사람들에게 돌아갈 수 없다는 유언을 남겼다. 다시 말해, 그는 자신이 아는 그 어떤 가족에게도 단 한 푼도 주기를 원하지 않았다. 많은 가족이 유산을 받으려고 시도했지만 법원은 탐욕스러운 유언이 유효하다는 판결을 반복했다.

2011년, 그의 재산은 마침내 12명의 친척들에게 분배되었다. 그들은 모두 그가 전혀 모르는 사람들이었고, 그 일은 그가 죽은 지 92년 뒤에 이루어졌다.

그의 유해는 새기노에 있는 5미터 높이의 무덤 안에 안치되어 있다. 요새와도 같은 그 무덤을 보면, 생전에 재물을 움켜쥐었던 것처럼 마치 죽음을 움켜쥐려는 것처럼 보인다.

재물을 쥔 손을 펼 수 없는 교회들

나는 죽어 가는 교회에서 자신이 탐욕스럽다고 생각하는 교인은 단 한 명도 보지 못했다. 자신의 탐욕이 비참하게 살다 간 웰링턴 버트와 다름없다고 생각하는 교인은 한 번도 보지 못했다.

탐욕이 이 교회들에 어울리는 표현인지는 확신하지 못하겠다. 그냥 이 교회들의 예산이 내부 지향적이라고 말하는 편이 더 정확할지도 모르겠다.

예를 들어, 죽은 교회들에서는 사역자 사례비의 비율이 계속해서 올라간 경우가 많았다. 그 교회들이 사역자들의 사례비를 올린 것은 아니었다. 그 교회들이 쇠퇴하는 동안 사례비 자체가 아니라 사례비의 비율이 점점 증가했다. 지출할 돈은 줄어들었지만 사례비는 가장 나중에 삭감했다. 왜일까?

그 교회의 교인들이 사역자들을 개인적인 관리인으로 보았기 때문이다. 교회의 녹을 받는 자들은 자기 시간의 전부는 아닐지라도 대부분을 교인 심방, 교인 상담, 교인의 결혼 집도 같은 것을 해주어야 한다는 것이 그들의 생각이었다.

오해하지는 말라. 생동감 넘치는 교회에서도 사역자들은 교인들의 필요를 채워 준다. 그것은 그들이 하나님께 받은 소명의 일부이다. 하지만 죽어 가는 교회에서는 사역자가 거의 전적으로 자기 교인들만 돌보아야 한다는 압박감이 있다.

이는 사역자들이 교회 밖으로 나가 지역 사회를 섬기지 않는다는 뜻이다. 그들이 성육신적 의미에서 지역 사회에 참여하지 않는다는 뜻이다. 그들이 거의 전적으로 교인들을 위해서만 고용된 일꾼들이라는 뜻이다.

이런 이유로 대개 사례비는 가장 나중에 삭감된다. 마찬가지로, 건물과 시설 유지비도 끝까지 버티다가 겨우 삭감된다. 이 문제는 10장에서 더 자세히 살펴볼 것이다. 지금은 이 사실만 기억하기를 바란다. 죽어 가는 교회에서 가장 나중에 삭감되는 예산은 교인들을 편안하게 해 주기 위한 예산이다.

어디서 삭감이 이루어지는가

문을 닫은 교회들의 20년 동안의 연간 예산을 살펴보면 흥미로운 사실이 드러난다. 우리가 예산 보고서를 입수할 수 있었던 몇몇 교회들에서 그 교회들이 결국 문을 닫을 수밖에 없던 이유를 더 분명히 볼 수 있었다.

돈을 추적하라. 예산에서 항목들을 보라. 어디서 예산이 삭감되었는지 보라. 부검을 해 보니 대부분의 경우 외부에 초점을 맞춘 사역과 프로그램에서 삭감이 이루어졌다. 이제 외부 지향적인 사역이 더 이상 필수적인 사역이 아니게 된다. 교회 밖을 섬기기 위한 예산이 사라진다. 줄어드는 예산을 핑계로 이런 결정을 정당화한다. 교회 안만 섬겨도 충분하다고 생각한다. 하지만 아웃리치와 공동체 섬김에 관한 예산이 가장 먼저 사라진다는 점이 문제이다. 교인들을 위한 사역의 예산은 삭감되지 않는다. 적어도 처음에는 삭감되지 않는다.

부자 청년과 죽은 교회들

필시 이 구절을 여러 번 읽었을 것이다. 설교를 통해서도 들은 적이 있을 것이다. 부자 청년이 예수님께 다가와 영생을 얻기 위해서 어떻게 해야 하는지 묻는다. 예수님은 먼저 십계명의 일부를 언급하신다. 그리고 나서 마가복음 10장 21-22절에서 이런 대화가 오간다.

> 예수께서 그를 보시고 사랑하사 이르시되 네게 아직도 한 가지 부족한 것이 있으니 가서 네게 있는 것을 다 팔아 가난한 자들에게 주라 그리하면 하늘에서 보화가 네게 있으리라 그리고 와서 나를 따르라 하시니 그 사람은 재물이 많은 고로 이 말씀으로 인하여 슬픈 기색을 띠고 근심하며 가니라.

이해가 되는가? 이 청년은 재물을 쥔 손을 펼 수 없었다. 그는 재물을 내려놓을 생각을 하니 슬픔이 밀려왔다.

우리는 현재 삶의 방식과 안위와 재물을 움켜쥐고 놓지 않는다. 죽어 가는 교회들에서도 이런 일이 일어난다. 그 교회들은 기존의 교회 방식, 안위, 재물을 놓지 않는다. 돈을 추적하면 교회에 관해서 많은 것을 알 수 있다.

한편, 죽은 교회들이 다 파산해서 죽은 것은 아니다. 사실, 금고에 꽤 많은 돈을 쌓아둔 채 죽는 교회도 적지 않다. 다른 교회에서 자금을 받은 경우도 있고, 스스로 재산을 축적한 교회도 있다.

꼭 파산해서만 죽는 것은 아니다. 얼마나 많이 가졌느냐가 중요하지 않다. 돈을 어떻게 사용하느냐 혹은 돈에 대해 어떤 태도를 가지고 있느냐가 중요하다. 어떤 교회들은 돈 자체에 초점을 맞춘 나머지 돈을 쥔 손을 펴지 않는다. 그 교회들은 더 이상 어떻게 하면 돈을 효과적으로 사용해 하나님 나라를 확장할 것인지 고민하지 않는다. 돈이 부족해질지 모른다는 두려움에 돈을 축재하기만 바쁘다.

부자 청년처럼 그 교회들은 교회 밖의 누군가에게 돈을 쓸 생각을 하며 슬퍼한다. 그렇게 했다가는 돈이 부족해질까 봐 두려워한다. 그래서 '충분한' 돈을 가진 채 죽는다.

부검 결과는 분명했고 중요한 사실들이 드러났다. 우리가 부검한 모든 교회에서 한 가지 재정적인 패턴이 오랜 시간에 걸쳐 형성되었다. 그 패턴은 지상대명령(Great commision)과 지상대계명(Great Commandment)을 수행하는 일보다 교회라는 기계를 계속해서 가동하고 교인들을 계속해서 행복하게 해 주는 일에 주로 자금을 쏟아 붓는 것이다.

그런데 돈은 마음의 문제를 보여 주는 증상이었다. 이 교회들은 지역 사회와 세상의 필요보다 자신들의 필요를 더 열심히 챙겼다. 이런 내부 지향의 태도로는 그 어떤 교회도 오래 버틸 수 없다. 마음의 문제로 결국 죽을 수밖에 없다.

결단 기도

제 것이라고 생각했던 모든 돈이 사실은 하나님의 것이라는 사실을
깨닫게 도와주십시오. 저희 교회가 가진 모든 돈이 교회의 것이 아닌
하나님의 것이라는 사실을 깨닫게 해 주십시오. 이 자금을 하나님의
목적에 따라 사용할 수 있는 건강한 나눔의 마음을 주십시오.

소그룹에서 함께 나눌 질문들

1. 건강한 교회의 예산과 자금 사용은 죽어 가는 교회와 어떻게 다른가?

2. 마가복음 10장에 기록된 부자 청년의 이야기는 교회가 가진 돈을 어떻게 바라보아야 한다고 가르치는가?

3. 교회가 내부 지향적인 자금 사용을 외부 지향적으로 바꾸기 위한 구체적인 방안에는 무엇이 있을까?

5

지상대명령 망각

어느 순간
지상대명령에 대한 순종이
사라졌다

2장에서 살폈듯이 과거가 영웅이 되면 특정한 증상들이 나타난다. 이 증상들은 그 자체로 죽음에 이르는 질병이 될 수 있다. 어떤 교회들은 지상대명령의 수행에 온 마음과 노력을 쏟아 붓는다.

그런데 언제부터인가 지상대명령 자체보다는 그 명령을 수행하기 위해 사용하는 수단들이 더 중요해진다. 그 결과, 지상대명령이 사라져 버린다.

나는 테네시 주 내슈빌에서 산다. 그곳은 살기 정말 좋다. 내가 지금까지 살았던 곳 중에서 최고이다. 다른 곳에서의 은퇴 후 삶을 생각해 본 적도 있지만 이곳을 떠날 생각을 하면 도무지 엄두가 나지 않는다. 은퇴할 때가 되어서 하나님이 허락하신다면 나의 진정한 고향이 된 이곳에서 평생 살고 싶다.

이 도시는 수많은 매력을 지니고 있는데 특히 음악에 관해서는 엄청난 매력을 지녔다. 내슈빌은 기독교 음악과 컨트리 음악 모두의 중심지이다.

내가 가장 좋아하는 컨트리 싱어 중 한 명은 앨런 잭슨(Alan Jackson)이다. 그는 수많은 히트송을 불렀지만 내가 가장 좋아하는 곡은 '그때를 기억해요'(Remember When)이다. 이 곡은 한 노인이 아내에게 기쁠 때나 슬플 때나 함께했던 지난날을 이야기해 주는 내용이다. 이 달콤한 곡은 이렇게 끝이 난다. "우리가 반백이 되었다고 말했던 때를 기억해 봐요. 아이들이 장성해서 출가해도 슬프지 않을 것이라고 말했죠. 슬프지 않을 거예요. 지나온 모든 세월로 인해 즐거울 거예요. 그때를 기억하게 될 거예요."

추억은 좋은 것일 수 있다. 추억은 즐겁고 건강한 것일 수 있다. 분명 우리는 '그때를 기억'해야 한다. 하지만 앞서 말했듯이 과거 속에서 살 수는 없다. 과거를 되풀이할 수는 없다. '그때를 기억'해야 하지만 앞으로 나아가기도 해야 한다.

부검 결과, 교회 성장에 관한 추억이 교인들의 마음속에 크게 자리하고 있다는 사실을 발견했다. 그 교회들은 수적으로 급성장했던 해에 관한 추억을 늘 떠올렸다. 문제는, 죽음 혹은 죽어 가는 교회들이 성장과 확장 이면의 이유를 망각하는 경우가 많다는 점이다. 성장하는 교회는 지상대명령을 비전의 중심에 두는 반면, 죽어 가는 교회는 그리스도의 분명한 명령을 망각한다.

잊혀진 지상대명령

신약에는 예수님이 제자들을 보내시는 것에 관한 구절이 많다. 그중 지상대명령과 관련해서 가장 자주 인용되는 구절은 마태복음 28장 19-20절이다.

> 그러므로 너희는 가서 모든 민족을 제자로 삼아 아버지와 아들과 성령의 이름으로 세례를 베풀고 내가 너희에게 분부한 모든 것을 가르쳐 지키게 하라

볼지어다 내가 세상 끝날까지 너희와 항상 함께 있
으리라 하시니라.

이 구절의 명령은 "가라"이다. 하지만 가면서 수
행해야 할 몇 가지 하위 명령들도 보인다. 즉 우리는
사람들을 제자로 삼아야 한다. 사람들에게 세례를
베풀어야 한다. 사람들을 가르쳐야 한다. 이것들은
행동의 의미를 담은 단어들이다.

하지만 죽은 교회는 어느 시점에서 지상대명령에
따라 행동해야 한다는 사실을 망각했다. 그래서 그
교회는 가는 것을 멈추었다. 사람들을 제자로 삼는
일을 멈추었다. 사람들을 가르치는 일을 멈추었다.

어쩌면 죽은 교회가 지상대명령을 '망각'했다는
것은 너무 친절한 표현일지도 모르겠다. 그 교회가
그리스도의 명령에 따라 행동하지 않기로 '결정'했다
고 말하는 편이 더 정확할지도 모르겠다.

보다시피 지상대명령은 최소한 두 가지 순종을
요구한다. 먼저, 가야 한다. 다음으로 그리스도의 능
력을 전적으로 의지해야 한다. 이것이 예수님이 "내

가 너희와 항상 함께 있으리라"라고 말씀하신 이유이다. 그리스도는 언제나 제자들과 함께 가고 그들을 통해 역사하신다. 그래서 가라고 명령하셨다.

하지만 죽은 교회는 어느 순간 가는 것을 멈추었다. 그리고 그리스도를 의지하는 일을 멈추었다. 왜일까?

그리스도의 능력으로 '가는 것'은 노력을 필요로 하기 때문이다. 물론 결과는 그리스도께 달려 있다. 하지만 순종은 우리의 노력이다. 그리고 그리스도의 능력에 따라 순종한다는 것은 타인을 섬길 수 있도록 해 달라고 그분께 기도한다는 뜻이다. 그런데 그렇게 기도하려면 자신에게서 눈을 떼어 주변을 보아야 한다. 불편함을 감수해야 한다. 가야 한다.

14개 교회들의 죽음을 부검한 결과, 한 가지 공통된 패턴을 발견했다. 그것은 지상대명령에 대한 순종이 사라졌다는 점이다. 대개는 점진적으로 사라졌다. 지역 사회로 교인들을 보내던 일을 어느 날 갑자기 멈춘 것이 아니다. 외부 지향적인 태도는 거의 눈에 띄지 않을 만큼 서서히 사라져갔다.

이것은 1장에서 기술한 점진적인 쇠퇴와 비슷하다. 지상대명령에 순종하려는 노력이 점진적으로 사라져서 아무도 눈치를 채지 못했다. 혹은 몇몇 사람이 눈치를 채고 목소리를 내도 무시를 당했다. 강하게 목소리를 낸 교인들은 결국 교회에서 방출되었다. 현실에 안주한 교인들만 남아 계속해서 죽음을 향해 걸어갔다.

따라서 '지상대명령에 대한 망각'은 너무 친절한 표현이다. 이 표현은 교인들이 잘못이 없다는 뉘앙스를 풍긴다. 교인들이 무엇을 해야 할지 기억하지 못해 실수를 했다는 뉘앙스를 풍긴다.

이 죽어 가는 교회들이 '지상대명령에 대한 불순종'을 저질렀다는 표현이 더 적합해 보인다. 그 교회들은 무엇을 해야 할지 기억하지 않기로 선택했다. 그 교회들은 복음을 들고 남들을 찾아가는 것보다 자신들의 안위를 선택했다. 그래서 우리는 지상대명령이 잊혀졌다는 결론에 이르렀다.

기도 없이, 순종 없이 열매맺기를 원하다니…

죽어 가는 교회 안에서 벌어지는 대화들의 본질을 보면 지상대명령을 망각한 것이 분명히 보인다. 앞서 지적했듯이 그 교회들의 교인들은 좋았던 옛날에 시선이 고정되어 있었다. 그들의 기억 속에 있는 옛날은 눈부신 성과로 가득했던 시절이다.

- 전성기의 높은 출석 교인 숫자
- 매년 유입되는 수십 명의 새로운 교인들
- 활기찬 지역 사회 섬김 사역들
- 성장에 대한 교단 같은 단체로부터의 인정

죽어 가는 교회의 교인들은 대개 수십 년 전에 지나간 그 시절을 기억하며 현재도 같은 결과를 얻기를 갈망하다. 그들은 좋았던 옛날의 성과가 다시 나타나지 않는 이유를 몰라 답답해한다. 그리고 그 상황에 대해 서로에게 비난의 화살을 돌린다.

이 교인들은 과거를 기억하되 제멋대로 핵심들을

누락시킨다. 그들은 과거와 똑같은 결과를 얻고 싶으면서도 노력하기는 원하지 않는다. 마태복음 28장의 행동 단어들이 기억나는가? 가라. 제자로 삼으라. 세례를 베풀라. 가르치라.

죽어 가는 교회의 교인들은 지역 사회로 들어가 사람들을 섬기고 복음을 전하려고 하지 않는다. 믿지 않는 친구와 친척을 교회로 초대하려는 노력을 하지 않는다. 선교여행을 위한 자금을 확충할 의지가 없다.

그들은 그냥 감나무에서 감이 떨어지기를 원한다. 기도도 없이, 희생도 없이, 고된 노력도 없이 얻기를 원한다.

게다가 더 큰 문제가 있다. 죽어 가는 교회는 자신들과 비슷한 새신자들이 들어오고 교회가 계속해서 자신들이 원하는 방식으로 운영되는 것만을 성장으로 여긴다.

바로 이것이 문제의 핵심이다. 죽어 가는 교회의 교인들은 자신들의 취향에 맞고 자신들의 안주를 방해하지 않는 '성장'만 바랄 뿐, 그 외에 다른 성장에는 관심조차 없다. 하지만 이런 취향은 교회가 죽어 가는 이유 중 하나이다. 다음 장에서는 이 문제를 살펴보자.

Prayer

결단 기도

하나님, 제가 지상대명령을 충성스럽게 수행하는 교회에서 지상대명령을 충성스럽게 수행하는 크리스천이 되어야 함을 기억하게 해 주십시오. 제가 하나님의 능력과 복음의 변화시키는 능력으로 저희 지역 사회를 변화시킬 수 있다는 사실을 기억하게 해 주십시오.

소그룹에서 함께 나눌 질문들

1. 왜 대부분의 죽어 가는 교회들에는 '좋았던 옛날'을 그리워하는 교인들이 있는가? 성경의 관점에서 이런 마음 자세는 무엇을 의미하는가?

2. 마태복음 28장 19-20절의 여러 부분들을 기술해 보라. 당신의 교회는 성경의 그 명령들에 순종하는 편인가, 불순종하는 편인가?

3. 마태복음 28장 20절에서 우리와 항상 함께하시겠다는 예수님의 약속과 자신의 안위만 생각하는 마음가짐 사이에 어떤 관계가 있는가?

6

사인 6

취향이 이끄는 교회

언제나 나,
나 자신을 위한 성도들로
가득 찼다

회의실 안의 분위기는 긴박감이란 표현으로는 모자랄 만큼 살벌했다. 때는 그 교회가 죽기 8년 전이었다. 그 회의실에 있는 교인들 중 교회의 죽음을 예측한 사람은 거의 없었다. 지난 몇 년 동안 그 교회의 성장세는 살짝 반등했다. 대부분의 교인들이 매우 근엄하고 전통적인 오전 11시 예배 시간에 현대적인 요소를 더하기를 일체 원하지 않았기 때문에 청장년들은 오전 8시 30분에 자체적으로 현대적인 예배를 시작했다. 두 예배 사이에는 성경 공부가 진행되었다.

　　사실, 8시 30분 예배도 일반적인 기준에서 그리 현대적이지 않았다. 어쿠스틱 기타 한 대, 전통적인 찬송가들 사이에 가끔씩 CCM 찬양, 오르간 대신 키보드 한 대, 이것이 전부였다. 다시 말해, 전통적인 예배에 현대적인 요소를 살짝 가미한 방식에 불과했다.

이 새로운 예배로 그 교회는 20년 만에 처음으로 성장을 경험했다. 그 이전 해에는 출석 교인의 숫자가 75명에서 62명으로 줄어들었다. 하지만 새로운 예배가 시작되면서 평균 출석 교인 숫자가 30명이 늘었다. 그리하여 출석 교인 숫자는 5년 내 가장 높은 수치인 92명을 기록했다.

청장년들은 1부 예배에 친구들을 데려왔다. 그런데 계속해서 똑같은 말이 들렸다. "예배 자체는 좋은데 시간을 조금 늦추면 우리나 아이들에게 좋을 것 같아요."

해법은 간단해 보였다. 전통적인 2부 예배를 8시 30분으로 옮기고 현대적인 1부 예배를 11시로 옮기면 끝이었다. 하지만 나이 많은 교인들의 생각은 달랐다.

예배 시간을 바꾸려면 투표를 해야 했다. 최소한

일부 교인들은 그렇게 말했다. 그 말이 옳은지는 확인할 길이 없었다. 어쨌든 그렇게 해서 회의가 시작되었다. 지옥의 공동의회가 시작된 것이다.

약 150명이 참석했다. 개중에는 교회에 5년 넘게 나오지 않은 교인들도 있었다. 대부분의 교인들이 서로 모르는 사이었다. 무슨 상황인지는 분명했다. 교인들이 변화에 반대표를 던질 사람들을 섭외해 온 것이었다.

오가는 말들은 살벌했다. 서로에 대한 비난이 거셌다. 기타는 '악마의 것'이라는 말도 들렸다. 한 교인은 예배 시간을 바꾸기 전에 교회를 없애버릴 것이라는 말까지 했다.

그의 말은 8년 뒤에 그대로 이루어졌다. 투표는 가결되지 않았다. 아무것도 변하지 않았다. 음, 변한 것이 없지는 않았다. 1부 예배는 5주 뒤에 없어졌다. 그 해 말, 출석 교인 숫자는 43명으로 급감했다. 그리고 8년도 채 되지 않아 교회는 문을 닫았다.

나, 오로지 나 자신

부검된 14개 교회는 정도는 다 달랐지만 모두 죽기 전에 이 문제점을 보였다. 많은 교인이 남들에게서 눈을 떼어 자신을 바라보기 시작했다. 교회가 그 방향으로 이동하면 쇠퇴를 지나 죽음에 이르고 만다. 물론 쇠퇴 기간이 길고, 죽음이 지연될 수는 있다.

하지만 죽음을 피할 수는 없다. 그런 교회는 반드시 죽고 만다. 교인들이 자신들의 취향만을 생각하고 고집하면 그 교회는 장기적으로 생존할 수 없다.

- 나의 음악 스타일
- 내가 원하는 예배의 소요 시간과 순서
- 내가 원하는 건물과 예배실의 색깔과 디자인
- 나의 활동과 프로그램
- 내게 필요한 목회자들과 사역자들
- 언제나 나, 나 자신

성경은 모든 크리스천이 항상 품어야 할 그리스도를 닮은 태도에 관해서 많은 말을 하고 있다. 그런 태도를 가장 잘 묘사한 구절 중 하나는 빌립보서 2장 5-11절이다. 이 구절이 그리스도의 순종을 묘사한 것만이 아니라 우리가 따라야 할 본보기를 보여 주는 구절이기도 하다는 사실을 명심하라.

우리는 종이 되어야 한다. 순종해야 한다. 남들을 먼저 생각해야 한다. 남들과 교회의 유익을 추구하기 위해서 무엇이든 해야 한다.

바울은 강력하고도 설득력 있게 선포한다. "너희 안에 이 마음을 품으라 곧 그리스도 예수의 마음이니."

그렇다면 예수님은 어떻게 하셨는가?

- "하나님과 동등됨을 취할 것으로 여기지 아니하시고."
- "오히려 자기를 비워 종의 형체를 가지사."
- "자기를 낮추시고."
- "죽기까지 복종하셨으니 곧 십자가에 죽으심

이라."

우리가 부검한 교회들에서는 대부분의 교인들이 이런 자기희생적인 태도를 품었다는 증거를 별로 찾아볼 수 없었다. 그들은 오히려 이기심과 특권의식으로 가득했다. 언제나 나 자신이 우선이었다.

그래서 죽음은 필연적이었다. 건강한 교회는 교인들의 태도가 그리스도의 마음을 닮은 교회이다. 안타깝게도, 죽어 가는 교회에서는 타인 중심적인 교인들을 좀처럼 찾아볼 수 없다.

서로의 유익을 위한 교회

2008년, 눈에 잘 띄지 않는 작은 책 한 권이 전 세계를 강타했다. 그 책은 바로 영화 〈파이어프루프〉(Fireproof)를 바탕으로 한 《사랑의 도전》(The Love Dare)이다. 그 영화는 죽어 가는 부부 관계를 살리려고 애쓰는 한 남편의 도전을 그린다. 그의 아버지는 그에게 더 나은 남편이 되기 위한 40일간의 도전을 담은 작은 필사본 책을 주었다.

영화를 바탕으로 한 그 책이 하나의 운동으로 발전할 줄은 아무도 예상하지 못했다. 그 책은 수천 만 부가 팔렸다. 무엇보다도, 수많은 가정이 다시 살아나고 더욱 강해졌다.

이 책의 전제는 아주 간단하다. 남편이나 아내가 40일 동안 매일 배우자를 위해서 이타적인 행동을 하는 것이다. 이 책은 부부가 서로의 유익을 추구해야 한다는 성경의 가르침을 담고 있다. 이 책은 이타주의, 타인 중심에 관한 책이다.

교회에서도 성도들 사이의 관계가 그런 식으로 이루어져야 한다. 교회는 컨트리클럽이 아니다. 교회는 자신의 몫을 하고서 특권을 챙기는 곳이 아니다.

교회는 바울이 고린도전서 12장 12-31절에서 묘사한 것과 같은 곳이다. 우리는 그리스도 몸의 지체들이다. 우리는 자신을 섬기기 위해서 존재하지 않는다. 우리는 몸 전체의 유익을 위해 존재한다.

죽어 가는 교회의 교인들은 이 점을 이해하지 못한다. 그곳에서 대부분의 교인들은 자신의 욕구와 필요를 챙기기 위해 교회에 나온다. 교회가 죽음에 가까워질수록 자신들의 취향에 관한 그들의 주장과 요구는 점점 더 강해진다.

교회의 본질은 교회 전체의 유익을 위해 기능하는 신자들의 모임이다. 교인들이 점점 각자의 취향을 주장하면 그 교회는 점점 더 교회가 아닌 곳으로 변해 간다. 그래서 적어도 외부 관찰자의 시각에서는 교회가 문을 닫는 것이 전혀 뜻밖이거나 예상 밖의 상황이 아니다.

교인들이 교회이기를 거부하는 교회는 실제로 문을 닫기 훨씬 전에 이미 죽은 것이다.

Prayer

결단 기도

하나님, 다른 사람의 필요를 볼 수 있도록 제 눈을 열어 주십시오. 늘 사람들의 유익을 우선시했던 예수 그리스도처럼 사는 법을 가르쳐 주십시오. 특히, 제가 교회 안에서 섬길 때 그리스도의 태도를 품게 해 주십시오.

소그룹에서 함께 나눌 질문들

1. 교인들이 자신들의 취향을 주장하거나 요구하는 가장 흔한 영역들은 무엇인가?

2. 고린도전서 12장 12-27절을 읽고 우리가 각자의 교회에서 어떤 식으로 옳은 태도와 행동을 보여야 할지 생각해 보라.

3. 빌립보서 2장 5-11절을 읽고, 그리스도의 태도를 이기적이고 특권 의식에 빠진 교인의 태도와 비교해 보라.

7

사인 7

목사의 잦은 교체

목사들은 성도들과 갈등을
최소화하는
안전한 길을 선택했다

나는 목사들의 말을 들을 기회가 생길 때마다 큰 영광으로 생각한다. 누구도 완벽하지는 않지만 목사들은 누구보다도 희생적이고 이타적인 사람들이다.

목사와 리더들이 교회에 있어 매우 중요하다는 것은 자명한 사실이다. 문제는 많은 좋은 리더들이 리더십의 전성기에 이르기도 전에 교회를 떠난다는 것이다. 우리가 부검한 교회들에서는 특히 더 그러했다.

14개의 죽은 교회들 중에서 목사 임기의 패턴은 전형적인 모습을 보였다. 나머지 네 개의 교회도 이번 장에서 다룰 것이다.

14개 교회 중 대다수의 교회에서 목사는 2-3년 주

기로 바뀌었다. 그 교회들이 죽음에 이르기 전 20년 동안에는 그런 패턴이 특히 두드러졌다. 이런 순환 과정은 매우 예측 가능했다. 그 교회들은 쇠퇴해 가고 있었다. 그 교회들은 회복의 기대감을 품고서 새로운 목사를 초빙했다. 그러면 새로운 목사가 와서 몇 가지 변화를 추진했다. 하지만 교인들은 변화를 싫어해서 저항했다. 그러면 목사는 낙심해서 떠났다. 어떤 경우에는 목사가 해고를 당하기도 했다. 이 사이클이 반복된다.

교회 쇠퇴에 정면으로 맞서는 어려움

내가 교회와 목사들에 관해서 듣는 이야기는 때로는 희망적이고, 때로는 암담하다. 다음 서신은 그리 희망적이지 않은 상황을 보여 준다.

이 목사의 이메일은 다음과 같이 시작되었다.

18개월 동안 이 교회에서 목회를 했습니다. 출석

교인 숫자는 97명에서 76명으로 줄어들었습니다. 과거 이곳에서 사역했던 목사님들은 3년을 버티지 못했습니다. 적어도 마지막 10명의 목사님들은 그러했습니다. 1990년대의 한 목사님만 유일하게 약 5년을 버텼습니다.

그의 말은 계속되었다.

저도 곧 그렇게 될 것 같습니다. 저는 다를 것이라고 생각했습니다. 저는 다른 목사님들과 같은 패턴을 따르지 않을 것이라고 생각했습니다. 아무래도 제 생각이 틀린 것 같습니다. 목사 청빙위원회는 리더십과 변화를 받아들일 준비가 되었다고 말했습니다. 그래서 부임한 뒤로 작은 변화 몇 가지를 제안했습니다. 그것이 문제를 일으켰습니다! 청빙위원회의 한 위원에게 변화를 그토록 싫어하는 이유가 무엇인지 물었지요. 무엇보다도, 변화할 것처럼 말해 놓고서 변화에 저항하는 이유를 알 수 없었습니다. 그 위원은 어깨를 으쓱하며 그런 변화를 말한 것은 아니었다고 답했습니다. 도대체 뭡니까?

그 목사의 이메일은 자포자기의 분위기로 마무리되었다.

다른 목사님들이 바꾸지 못한 것을 바꿀 수 있다고 생각했던 제가 순진했습니다. 아무래도 저 역시 이 교회를 곧 떠나게 될 것 같습니다. 희망이 없을 뿐 아니라 재정적인 이유도 있습니다. 이제 저희 교회는 제 봉급을 감당하지 못할 만큼 쇠퇴했습니다. 이미 한 번, 제 봉급을 삭감했습니다. 전임 목사를 유지하기 어려운 상황입니다. 아무래도 저희 교회는 그리 오래 버티지 못할 것 같습니다.

실제로 그 교회는 몇 년 더 문을 열고 있을지 몰라도 이미 죽음의 소용돌이에 휘말린 것으로 보인다. 모든 신호가 죽음의 방향을 가리키고 있었다. 목사의 잦은 교체와 계속해서 줄어드는 현임 목사의 봉급이 특히 큰 문제이다.

목사 임기의 단계들

20년 넘게 나는 목사의 임기에 관해 연구하고 숙고하고 글을 써 왔다. 평균적인 목사 임기는 왜 상대적으로 짧을까? 목사의 임기에 공통적인 단계들이 있는 것일까? 특별히 많은 목사가 교회를 떠나는 시점이 존재할까?

목사의 임기에 관해서 연구할수록 분명한 특징을 지닌 단계들이 있다는 확신을 하게 되었다. 물론 나의 모형에 맞지 않은 예외들이 많다는 것을 잘 알고 있다. 또한 내가 추정한 각 단계의 기간도 정확하지는 않다는 것을 잘 안다. 그럼에도 나의 발견에 어느 정도 확신이 있다. 그리고 각 단계는 죽어 가는 교회들의 문제와 관련이 있다.

- 먼저 '1년차는 신혼'이라고 부를 수 있다. 목사

와 교회가 서로에게 반해 있다. 서로의 장점을 믿으면서 소망 가운데 관계를 맺는다. 목사는 이전 교회에 질린 상태이고, 교회는 이전 목사에게 질린 상태이다. 한동안 서로의 단점은 눈에 들어오지 않는다. 이 기간은 대개 오래가지 않는다.

• 다음으로 '2, 3년차'이다. 갈등과 난관이 생긴다. 어떤 목사도 완벽하지 않다. 어떤 교회도 완벽하지 않다. 몇 개월이 지나면서 서로의 불완전한 구석들을 발견하게 된다. 신혼 부부처럼 의견 충돌이 일어난다. 목사와 교회 모두의 영적 건강에 따라 갈등과 난관의 정도가 달라진다.

• 이제 '4, 5년차'이다. 첫 번째 기로이다. 이 시기는 관계에서 가장 중요한 시기 중 하나이다. 갈등이 심하면 목사는 떠나거나 해임되기 쉽다. 실제로 부임 후 4, 5년은 목사들이 교회를 떠나는 경우가 가장 많은 시기이다. 반면, 목사와 교회가 관계를 통해 해결점을 찾는다면, 이 시기 이후에 황금기를 기대해 볼 수 있다.

• '6-10년차'는 열매와 추수의 시기이다. 내 연구

는 완벽하지 않지만 단순한 사례 수준 이상이다. 이 시기에 교회는 거의 모든 척도에서 최고의 해를 경험할 가능성이 높다. 실제로 목사와 교인들을 인터뷰할 때마다 이 패턴을 확인할 수 있었다. 이들은 함께 어려운 시기를 지나왔다. 그래서 서로에 대한 믿음과 사랑이 매우 깊어져 있다.

• 마지막으로, '11년차 이상'이다. 두 번째 기로이다. 첫 번째 기로에서 목사는 교회에 남을지 떠날지를 결정한다. 혹은 교인들이 그 결정을 대신한다. 목사가 10년 이상 한 교회를 섬기는 일은 상대적으로 드물다. 이 시기에 목사는 두 가지 중 한 가지 길로 간다. 하나의 길은 리더로서 다시 의욕에 불타서 새로운 도전을 하고 새로운 비전을 던지는 것이다. 다른 길은 변화를 거부하고 안주하는 것이다. 나는 두 극단을 모두 보았다. 하지만 목사들이 둘 중 어느 한 길로 가는 이유를 아직 정확히 파악하지는 못했다.

죽어 가는 교회에서는 대개 목사들의 임기가 짧

다. 우리의 부검 결과, 슬프게도 14개 교회 중 10개의 교회에서 이러한 패턴이 드러났다. 그 교회들에서는 대부분의 목사들이 목사 임기의 두 번째 단계(2, 3년차) 중에 갈등과 난관으로 교회를 떠났다. 이 목사들이 변화를 실행하거나 심지어 제안만 해도 맹렬한 저항이 나타났다. 교회의 패턴과 역사에서 희망을 보지 못한 목사들은 결국 교회를 떠났다. 이 사이클이 반복되다가 교회는 결국 문을 닫았다.

교회의 쇠퇴를 방관한 목회자들

죽은 14개의 교회 중 네 개 교회의 목사들은 평생 그곳을 섬겼다. 그 교회들의 패턴은 다른 교회들과 분명히 달랐다. 무엇이 다를까?

이 목사들은 고집 센 교인들의 태도를 받아들이기로 선택했다. 교회를 변화로 이끌려는 시도는 전혀 없었다. 외부에 초점을 맞추려는 시도도 전혀 없었다. 교회가 있는 지역 사회를 닮으려는 노력 역시 전혀 없었다.

이 목사들은 저항을 최소화하는 길을 선택했다. 필시 그들은 교회가 죽음으로, 최소한 급격한 쇠퇴로 향하고 있다는 사실을 알았을 것이다.

목사 임기의 단계들에서 이 목사들은 11년차를 넘어 '두 번째 기로'에까지 이르렀다. 하지만 이 목사들은 갈등을 겪느니 교회의 쇠퇴와 죽음을 방관하는 편을 선택했다. 그들은 교인들만의 관리인으로 전락해 버렸다. 그들은 아무런 변화의 의지도 없이 교인들의 편만 들었다.

네 개의 교회 목사들 중 세 명은 교회가 문을 닫을 때 은퇴할 시점이 되었다. 다른 한 명은 목사는 다른 교회의 사역자로 갈 수 있었다. 어쨌든 그 교회들은 결국 죽었다.

Prayer

결단 기도

하나님, 교회의 벽을 넘어 사람들에게 다가가 섬겨 줄 수 있는 마음과 비전을 지닌 목사님을 보내 주십시오. 제가 목사님을 격려하고 지원해 줄 수 있는 교인이 되게 해 주십시오. 교회를 떠나게 하는 낙심과 환멸에서 벗어나게 해 주십시오.

소그룹에서 함께 나눌 질문들

1. 죽어 가는 교회의 전형적인 목사 임기 패턴을 기술해 보라. 왜 이런 패턴이 나타날까? 이 패턴을 어떻게 바꿀 수 있을까?

2. 목사 임기의 단계들을 보고 죽어 가는 교회에서 가장 흔히 나타나는 두 단계를 찾아보라. 교회에서 목사 임기가 왜 중요할까?

3. 바울은 디모데에게 "전도자의 일을 하며" 목회를 하라고 말했다(딤후 4:5). 죽어 가는 교회의 목사가 이 명령을 수행하지 못하도록 방해하는 난관은 무엇인가?

8

사인 8

기도생활 부재

그 교회는 좀처럼
함께 기도하지
않았다

맞은편에 앉은 남자는 마음이 꽤 무거워 보였다. 우리는 그가 사랑했던 한 교회에 관해 이야기를 나누고 있었다. 사실, 2명의 남성과 3명의 여성으로 이루어진 이 소그룹은 모두 마음이 불편했다. 4년 전에 죽은 교회에 관한 이야기를 하고 있었기 때문이다.

마이크(Mike)가 먼저 입을 열었다. 그는 여전히 그 교회를 "우리" 교회라고 불렀다. 그는 여전히 그 교회를 마음에서 떠나보내지 못하고 있었다. 그는 여전히 슬퍼하고 있었다.

슬픔에 빠진 사람이 가장 원하지 않는 일 중 하나는 부검에 참여하는 것이다. 하지만 그는 향후 다른 교회들에 도움이 될지 모른다는 생각에 부검 참여에

동의했다. 나는 그에게 그것이 이 책의 목적이요 소망이라고 말했다.

그래서 그는 내 질문들에 대답했다. 그는 내게 통찰을 더해 주었다. 그가 천천히, 조리 있게 말하는데, 말투에서 깊은 슬픔이 느껴졌다.

"함께 기도했나요?"

나는 그 죽은 교회들의 생존자들에게 했던 질문을 그에게 했다. "교인들이 함께 기도했나요?"

이 질문을 던지면 잠시 침묵이 흐른다. 그들은 어떤 대답을 해야할지 몰랐다. 그 교회들의 대부분은 거의 문을 닫기 직전까지 기도 시간을 가졌다. 예배 중에도 기도했고, 수요일 저녁 만찬회와 같은 교제 시간에도 기도를 했다. "물론 기도했습니다." 이내 이구동성으로 대답했지만 뭔가 열광적인 분위기는 아니었다. 그래서 나는 더 깊이 파고들었다. "어떤 식으로 기도했는지 말해 보세요."

그러자 중요한 사실들이 드러나기 시작했다. 우리는 질문 이면의 질문에 관해서 함께 고민했다. 그들은 함께 기도하는 시간을 묘사하면서 상황을 더 분명히 이해하기 시작했다. 그런 대화 중 하나를 들어보자. 이는 이런 상황에서 오가는 전형적인 대화이다.

핵심이 빠진 대답

다음으로 도로시(Dorothy)가 말했다. "네, 우리는 교회로서 함께 기도했어요. 수요일 밤에 만찬회 겸 기도회를 가졌지요. 교회가 나름대로 성장했을 때는 교회에서 식사를 준비했어요. 하지만 교인의 숫자가 줄면서 각자 음식을 준비해 오는 방식으로 바뀌었죠. 안타까운 일이죠. 다른 사람이 어떤 음식을 가져올지 모르니까요. 한 번은 디저트 하나에 채소만 한 가득이었던 적이 있었죠. 고기도 빵도 전혀 없고요. 안타까운 일이죠."

이는 주제에서 벗어난 이야기였다. 그래서 나는

주제를 상기시켰다. "수요일 밤 기도 시간에 관해서 말해 보세요."

"음." 그녀가 좀 더 진지해지기 시작했다. "칼(Carl) 이 모두에게 기도 제목들을 나누어 주었어요." 나는 칼이 누구인지 몰라 그녀의 말을 끊고 물었다. "칼은 우리 교회의 집사님이었어요. 칼의 사무실에 프린트 기가 있었죠. 원래는 교회 서기가 타이핑을 해서 프 린트를 했는데 재정 사정이 좋지 않아 내보냈어요. 그때부터 칼이 그 일을 담당했습니다. 서기가 없어 졌을 때 얼마나 슬펐는지 몰라요. 안타까운 일이죠."

나는 다시 기도라는 주제에 집중해 달라고 부탁 했다. "별 것 없었어요. 그냥 칼이 기도 제목들을 나 누어 주면 한 사람이 기도를 하고 나서 식사를 했죠. 물론 아까 말했듯이 한 번은 고기도 빵도 없었어요. 안타까운 일이죠."

기도와 교회의 건강

그때 나는 이런 질문을 던졌다. "그것이 정말로 의미 있는 기도 시간이었을까요? 신약의 교회들이 그렇게 기도했을까요?"

이 질문을 던지면 으레 침묵이 흘렀다가 "아니요"라고 인정하는 반응이 나온다. 그런 기도는 일과나 의식에 가까웠다. 신약의 의미에서의 공동 기도라고 보기 어려웠다.

그렇게 말하면 모두가 깊이 반성하기 시작한다. 그리고 눈이 열린다. 교인들이 강력한 기도 시간으로 모였던 시절을 기억한다. 어떤 이들은 24시간 내내 기도 릴레이를 벌였던 기억을 떠올린다. 그 '좋았던 옛날'은 대개 교회의 전성기와 일치한다.

실제로 기도와 교회의 건강은 서로 하나로 연결되어 있다. 교회가 의미 있는 기도 생활에 참여하면 교회는 더 건강해진다. 의미 있는 기도는 교회 건강의 원인이자 결과이다.

신약의 본보기

　　그것은 첫 교회, 예루살렘 교회였다. 많은 사람이 크리스천이 되어 예루살렘 곳곳에서 함께 모이기 시작했다. 누가는 사도행전 2장 42절에서 이 교회의 초창기를 상세하고도 역사적으로 정확하게 묘사하고 있다. "그들이 사도의 가르침을 받아 서로 교제하고 떡을 떼며 오로지 기도하기를 힘쓰니라."

　　이 한 구절로만도 책 몇 권을 쓸 수 있다. 하지만 여기서는 그리스도의 첫 제자들이 무엇을 중요하게 여겼는지에 주목해 보자. 그들은 사도의 가르침(하나님의 말씀), (서로) 교제하고 떡을 떼는 것, 기도를 중시했다.

　　사도행전 2장 42절에서 "힘쓰니라"라는 표현을 너무 빨리 읽고 넘어가지 말라. 이 단어는 매우 강하고 의식적인 노력을 함축하고 있다. 여기에는 먹이를 집어삼키려는 굶주린 야생 짐승의 느낌이 있다.

　　초기 예루살렘 교인들이 기도에 힘썼다는 것은 단순히 기도 제목들에 적힌 이름을 읽었다는 뜻이 아니다. 그들은 매우 열정적이고 간절하게 기도했다. 그들은 하나님이 듣고 응답하신다는 사실을 믿어 의심하지 않았다. 그들에게 기도하지 않는 것은 숨 쉬지 않는 것이나 다름없었다. 그들에게 기도는 식사 전에 형식적으로 하고 넘어가는 순서가 아니었다. 그들에게 기도는 가장 중요한 행위였다. 기도는 초대 교회 생명의 원천이었다.

기도가 없으면 소망이 없다

내가 같은 질문들을 하자 그는 침묵했다. 그는 다른 면에서는 이 부검에 귀한 시간을 내어 준 다른 이들과 별로 다르지 않았다. 하지만 그는 "그것이 정말로 의미 있는 기도 시간이었을까요? 신약의 교회들이 그렇게 기도했을까요?"라는 질문에는 곧바로 대답하지 않았다.

잠시 침묵이 흐른 뒤 그는 매우 의미심장한 말을 했다. "우리 교회에서도 기도가 강력했던 시절이 있었습니다." 그가 말을 시작했다. "교인들은 예배 전에 기도를 했지요. 소그룹은 기도에 많은 시간을 투자했습니다. 모두가 우리 공동체를 위해 온 힘을 쏟아 기도했지요."

그가 말을 멈췄다가 이내 다시 입을 열었다. 그 순간이 마치 불이 잠시 꺼졌다가 켜진 것처럼 느껴졌다. "그러다가 우리 공동체가 변하기 시작했습니다." 그는 천천히, 조리 있게 말했다. "우리는 두려웠어요. 많은 교인이 최대한 빨리 집을 팔고 다른 곳으로 갔죠. 우리는 두려움에 시선을 고정하기 시작했습니다. 우리는 서로를 섬기는 일을 그만두었습니다."

"그리고…" 그의 눈에 눈물이 글썽였다. "우리는 예전처럼 열심히 기도하지 않기 시작했습니다. 그것이 문제였어요. 그것이 우리 교회가 죽음으로 가는 긴 쇠퇴의 출발점이었죠. 우리는 더 이상 기도를 진지하게 여기지 않았어요. 그때부터 우리 교회는 죽어 가기 시작했어요."

기도가 없으면 소망이 없다. 그 교회는 죽어 가기 시작했다.

결단 기도

하나님, 기도하는 법을 가르쳐 주십시오. 쉬지 않고 기도하게 해 주십시오. 제가 교회에서 기도의 리더가 되게 해 주십시오. 열정적인 믿음의 기도를 교회의 생명의 원천으로 여기도록 도와주십시오.

소그룹에서 함께 나눌 질문들

1. 대부분의 교회에는 기도 시간이 있다. 의미 있는 기도를 드리는 교회들과 그렇지 않은 교회들의 차이점은 무엇인가?

2. 왜 교회가 의미 있는 기도에 참여하지 않으면 죽음으로 향하게 되는가?

3. 사도행전 2장 41-47절로 볼 때 초기 예루살렘 교회에서 기도의 역할과 위치는 무엇이었는가?

9

사라진 비전

교회의
목적과 사명을
잃어버렸다

그것은 올림픽 역사상 가장 위대한 승리 중 하나로 불린다. 1980년 미국 아이스하키 팀은 승산이 없었다. 소련 팀은 누구도 이길 수 없는 무적처럼 보였다. 소련 팀에는 수년간 함께 경기를 해 왔던 엘리트 프로 선수들이 포함되어 있었다. 반면, 미국 팀은 그 전까지 함께 경기해 본 적이 없는 선수들로 구성되어 있었다. 게다가 프로 선수는 한 명도 없었다. 모두가 미국 전역의 대학교에서 발탁된 아마추어들이었다.

메달 라운드에서 미국 팀이 소련 팀을 이긴다는 것은 불가능까지는 아니더라도 있음직한 일처럼 보이지 않았다.

이 뜻밖의 영웅들에 관한 영화를 보면 미국 팀의 전환점은 허브 브룩스(Herb Brooks)가 진행한 훈련 중에 찾아왔다. 브룩스 감독은 선수들을 조금 심하다 싶을 정도로 강하게 훈련시켰다. 그는 팀의 경기가 마음에 들지 않자 선수들이 탈진할 때까지 스케이팅 단거리 전력 질주를 시켰다. 몇몇 코치들은 선수들이 기절하거나 그만둘까 봐 걱정했다. 그들은 감독에게 그만두라고 요청했다.

하지만 브룩스는 계속해서 밀어붙였다. 훈련 도중 브룩스는 선수들에게 누구를 위해 뛰는지 질문했다. 그러면 선수들은 자랑스럽게 자신의 대학 이름을 댔다. 브룩스는 이 지옥 훈련 도중에도 같은 질문을 던졌다.

한 선수는 브룩스가 같은 질문을 계속 던졌다는 사실을 기억하고서 마지막 질주 후 숨을 헐떡이면서도 위를 올려다보며 말했다. "저는 미국을 위해 뜁니다."

그것이 결정적인 전환점이었다. 선수들은 이제 이해했다. 그들은 각자의 출신 대학을 위해 뛰는 것이 아니었다. 그들은 미국을 위해 뛰는 것이었다.

그의 말에 모든 팀원이 반응했다. 그들은 메달 라운드 첫 경기에서 강력한 소련을 꺾고, 결국 핀란드까지 이겨 금메달을 따냈다. 혹자는 소련과의 경기에서 승리한 것을 올림픽 역사상 가장 위대한 미국의 승리라고 말한다. 어떤 이들은 미국 스포츠 역사상 최고의 순간이라는 표현을 사용한다. 1980년대에 살았던 사람들의 대부분은 '빙판 위의 기적'을 여전히 기억하고 있다.

"저는 미국을 위해 뜁니다"

미국 아이스하키 선수들은 이해했다. 그들은 자신들이 어떤 경기를 하는지 알았을 뿐 아니라 누구를 위해서 경기하는지도 알았다. "저는 미국을 위해 뜁니다."

그들은 목적을 분명히 이해했다. 그리고 그 목적을 어떻게 이룰지를 분명히 알고 있었다. 하지만 죽어 가던 교회들의 경우는 그렇지 못했다. 내가 인터뷰했을 때 그 죽은 교회들의 교인들은 자기 교회의 마지막 나날을 똑같이 슬픈 표현들로 묘사했다.

- "신앙생활을 대충했어요."
- "우리가 하는 모든 일이 틀, 그것도 나쁜 틀에 박혀 있는 것처럼 보였어요."
- "하나님이 원하시는 일을 기도로 물어서 하기보다는 기존에 해 오던 방식을 무작정 고수했어요."
- "우리는 교회라는 게임을 하고 있었어요. 교회가 진정으로 무엇을 해야 하는지를 전혀 몰랐죠."
- "너무 많은 노력이나 변화가 필요할까 봐 무엇을 해야 할지 하나님께 묻는 일을 그만두었어요."

어떤 상황인지 그려지는가? 그 교회들은 사실상 교회가 아니었다. 아무런 목적이 없었다. 지상대명령(마 28:19-20)을 이야기하는 교인들은 단 한 명도 없었다. 교회 안에서 지상대계명(마 22:34-40)에 순종해 이웃을 섬겨야 한다고 말하는 교인들도 없었다. 지역 사회 섬김과 전도에 관해서 불타는 열정으로 이야기하는 교인들은 찾아볼 수 없었다. 그 교회들은 목적이 없었다. 그 교회들은 다람쥐 쳇바퀴 돌 듯 항상 해 오던 일을 항상 하던 방식으로 했을 뿐이다.

무엇을 해야 하는지 묻는 교인들은 없었다. 모두가 항상 해 오던 일을 하느라 바빠서 그럴 겨를이 없었다.

목적 없는 교회는 더 이상 교회가 아니다

사도 바울은 항상 교회들, 특히 처음부터 자신이 적극적인 역할을 했던 교회들에 관심을 기울였다. 빌립보교회가 그런 교회 중 하나였다. 바울은 따끔하게 질책해야 할 때는 가차 없이 그렇게 했지만, 그가 그 교회에 보낸 편지에는 교회를 향한 큰 사랑이 철철 넘친다.

그 편지의 초반부에서 그는 자신이 빌립보 교인들을 그토록 변함없이 사랑하는 주된 이유 중 하나를 밝힌다.

> 내가 너희를 생각할 때마다 나의 하나님께 감사하며 간구할 때마다 너희 무리를 위하여 기쁨으로 항상 간구함은 너희가 첫날부터 이제까지 복음을 위한 일에 참여하고 있기 때문이라(빌 1:3-5).

이유를 발견했는가? 바울이 그토록 감사한 이유, 그토록 기뻐한 이유를 찾았는가? 이 구절의 마지막 문장에서 답을 찾을 수 있다. "너희가 첫날부터 이제까지 복음을 위한 일에 참여하고 있기 때문이라."

빌립보교회는 자신의 목적을 이해했다. 빌립보 교인들은 자신들이 무엇을 해야 하는지를 알았다. 그들은 복음에 따라 살아야 했다. 그들은 복음을 선포해야 했다. 그들은 바울과 함께 복음을 전파하는 일에 참여해야 했다. 그들의 목적은 철저히 복음 중심적이었다.

바울은 그들이 목적을 이해했다는 사실이 너무 기뻤다. 여기서 "첫날부터 이제까지"라는 대목을 놓치지 말라. 그 교회가 탄생한 날부터 바울이 그 편지를 쓴 날까지 그 교인들은 무엇을 해야 할지 늘 기억하고 있었다. 그래서 그들은 복음에 따라 살고 복음을 전파했다.

하지만 죽어 가는 교회들은 어느 순간 목적을 잊어버렸다. 그 교회들이 목적을 잊은 날짜가 정확히 언제인지는 알기 힘들다. 그것은 느리게 진행되는 과정이기 때문이다. 태도가 복음 중심과 타인 중심에서 서서히 자기중심적으로 변했다. 외적인 초점이 내적인 집착으로 변했다. 복음 중심의 사람들이 된다는 기존의 목적이 틀과 전통과 의식으로 대체되었다.

그 교회들은 목적을 잃어버리면서 서서히, 하지만 확실히 죽어 가기 시작했다. 그 과정은 대개 긴 시간 동안 진행되었지만 죽음은 결국 찾아왔다. 복음 중심의 목적이 없는 교회는 더 이상 교회가 아니다.

Prayer

결단 기도

하나님, 저를 포함한 저희 교인들의 마음속에 복음을 향한 열정의 불을 다시 지펴 주십시오. 저희 교회가 복음을 전파하도록 해 주십시오. 예수 그리스도의 복음을 진정으로 품은 사람들로 살아가게 해 주십시오. 저희의 목적을 상기시켜 주십시오. 저희의 목적을 일깨워 주십시오. 저희가 목적에 따라 살 수 있도록 능력을 주십시오.

소그룹에서 함께 나눌 질문들

1. 1980년 미국 올림픽 아이스하키 팀의 사례를 사용해, 죽어 가는 교회들이 목적을 재발견해야 하는 이유를 설명해 보라.

2. 틀과 전통이 교회의 목적을 이루는 데 어떻게 방해가 될 수 있을까?

3. 빌립보서 1장 3-5절에서 복음에 대한 "참여"에 감사한다는 바울의 말은 무슨 뜻인가?

10

사인 10

교회 시설을 둘러싼 갈등

선한 청지기가 아니라
교회 사설에
집착했다

죽은 14개 교회 중에서 오직 한 곳에서만 이전 시설들을 둘러볼 수 있었다. 몇몇 교회는 완전히 철거된 상태였다. 한때 그 교회들이 있던 곳에는 인상적인 새 건물이 솟아 있다. 두 교회는 대충 세운 울타리 뒤에 있었다. 두 건물은 국가의 소유로 넘어가서 안에 들어갈 수 없었다. 그 안에 들어가려는 어떤 시도도 불법이었다.

하지만 그중 한 교회는 매각되지도 국가의 소유로 넘어가지도 않았다. 그 교회는 몇 십 년간 있던 자리에 그대로 있었다. 그 죽은 교회의 전 장로가 여전히 키를 갖고 있었다. 그의 안내로 버려진 건물에 들어갈 수 있다. 건물 안에는 그가 꼭 보여 주고 싶어

하는 뭔가가 있었다.

그가 교회 안으로 들어가면서 내게 말했다. "내놓아도 팔리지가 않네요. 결국 어떻게 될지 모르겠어요. 아마도 마을의 다른 건물들처럼 버려져서 방치되겠죠."

나는 거미줄과 수북이 쌓인 먼지를 예상했다. 하지만 상태가 생각보다 괜찮았다. 유족들이 가끔 벌초를 하는 것처럼 누군가가 가끔 이 버려진 건물을 가볍게 청소하는 것처럼 보였다.

건물에 전기가 들어오지 않아 그는 큼지막한 손전등을 들고 나를 안내했다. 그는 빠른 걸음으로 자신 있게 걸었다. 내부를 훤히 꿰뚫고 있었다.

어느 순간, 그가 발걸음을 멈추었다. 손전등의 빛은 한 방을 가리켰다. "여깁니다." 그가 부드럽게 말했다. 그의 어조에 담긴 감정이 존경심인지 슬픔인지 알 수 없었다. 방 입구에는 명칭이 여전히 붙어 있었다. "루디아 룸"(Lydia Room).

"이 방은 다른 교회들로 치면 응접실이나 신부 대기실에 해당합니다." 그는 내가 묻지 않았는데도 알아서 설명했다. "이 방에 관한 자긍심이 대단했죠. 이곳엔 최고급 가구가 놓여 있었습니다. 이 교회에서 가장 먼저 눈길을 끄는 곳이었죠."

그의 이야기를 계속해서 들어보니 교회에 관해서 흔히 들을 수 있는 전형적인 슬픈 이야기였다. 그 방은 의견 충돌의 초점이었다. 누가 이 방을 사용할 수 있는가? 이곳에 어떤 가구를 놓을지 누가 결정하는가? 교회 외부 사람들이 이곳을 사용할 수 있게 할 것인가? 이곳에서 일반적인 교제 모임을 가질 수 있도록 할 것인가?

"입씨름은 정말 추악했죠. 당시에는 잘 몰랐지만 지금 와서 돌아보니 이 방에 집착한 것이 급격한 몰락의 시작이었던 것 같습니다."

그는 잠시 말을 멈추었다가 계속해서 말했다. "우리 교회가 많은 이유로 죽었다는 것을 압니다. 하지만 이 방을 둘러싼 다툼이 죽음으로 가고 있다는 가장 분명한 신호였죠. 정말 한심합니다. 정말 슬프기도 하고요. 교회가 죽어 가는데 한낱 방 하나로 다툼을 벌이다니요."

만연한 집착, 우상 숭배

안타깝게도 이 장로의 이야기는 너무도 흔하다. 한 교회는 낡은 설교단을 새 설교단으로 교체하다가 극심하게 분열되어 결국 죽었다. 교회는 새 설교단 설치 문제를 투표하기 위해 공동의회까지 열었다. 그때 수년 동안 교회에 코빼기도 보이지 않던 교인들까지 투표를 하러 나타났다. 죽어 가는 교회들에서는 한동안 보이지 않던 교인들이 다툼의 현장에서 가장 큰 목소리를 내곤 한다. 투표가 끝나자 그 교인들은 갑자기 다시 흔적도 없이 사라졌다.

'새 설교단' 진영이 단 몇 표 차이로 '기존 설교단' 진영을 눌렀다. '기존 설교단' 진영은 그 설교단을 들고 나가 새로운 교회를 세웠다. 새 교회의 이름을 추측해 보는 농담을 할까 하다가 이 이야기가 너무 슬퍼서 참았다.

새 교회는 세워진 지 겨우 2년 만에 죽었다. 기존 교회는 그 후로 11년간 버티다가 죽음을 맞았다. 14개 교회 중 많은 곳이 기념물에 집착했다. 기념물을 비판하려는 것이 아니다. 최근 나는 우리 손자를 기억하기 위한 기념물을 만드는 데 자금을 보탰다. 그 아이를 기억하려는 가족들의 마음을 충분히 이해한다. 기념물은 깔끔한 명판을 붙일 수 있는 의자나 테이블, 방 같은 것이 될 수 있다.

문제는 기념물 자체가 아니다. 많은 교회에서 기념물이 집착의 대상으로 변질되었다는 것이 문제이다. 점점 과거를 강조하고 미래를 무시하는 방향으로 흘러갔다.

안타깝게도 이런 이야기는 계속해서 쏟아져 나온다. 한 교회에서는 한 가족이 중간 크기의 회의실을 재단장하는 일에 거금을 쾌척했다. 그런데 수년이 흘러, 그 가족의 친척들이 그 회의실의 자물쇠를 바꾸고 나서 그 회의실을 누가 사용할지에 관해서 일방적인 결정을 내렸다.

스테인드글라스 창문, 성도 좌석, 휘장, 페인트 색깔, 카펫 색깔 등을 둘러싸고 다툼이 벌어진다. 죽어 가는 교회들에서는 죽음 전에 시설을 둘러싼 극심한 다툼이 벌어지는 경우가 많다.

아이러니하게도, 이 교회들 대부분은 모든 시설에 집착하지 않았다. 대부분의 건물은 방치하면서도 유독 한 물품이나 공간만은 집착적으로 보호했다.

하나님이 우리 교회들에게 주신 물질적인 것들을 잘 관리하는 것은 좋은 일이다. 하지만 하나님이 주신 사명을 소홀히 하면서까지 어느 한 물건에 집착하는 것은 우상 숭배이다.

예수님과 '물질'

예수님은 물질적인 집착에 관해서 매우 분명하게 말씀하셨다. 예수님은 역사상 가장 위대한 설교인 산상수훈에서 기도와 금식의 영원한 가치에 관해 말씀하신 직후, 물질적이고 일시적인 것들에 집착한 청중을 꾸짖으셨다.

마태복음 6장 19-21절에 그 내용이 기록되어 있다.

너희를 위하여 보물을 땅에 쌓아 두지 말라 거기는

좀과 동록이 해하며 도둑이 구멍을 뚫고 도둑질하느니라 오직 너희를 위하여 보물을 하늘에 쌓아 두라 거기는 좀이나 동록이 해하지 못하며 도둑이 구멍을 뚫지도 못하고 도둑질도 못하느니라 네 보물 있는 그곳에는 네 마음도 있느니라.

예수님의 이 말씀은 우리 모두에게 적용된다. 우리는 개인적인 재산과 물질의 선한 청지기가 되어야 한다. 마찬가지로, 교회의 물질적인 것들에 대해서도 선한 청지기가 되어야 한다. 하지만 영원한 것에서 눈을 뗄 정도로 '물질'에 집착하면 그 물질이 아무리 의미 있는 것이라 해도 그것은 초점을 잃은 것이다. 영원한 초점을 잃는 순간, 교회는 죽음을 향해 크게 한걸음 내딛은 것이다.

결단 기도

하나님, 저와 저희 교회에 주신 모든 물질적인 것들을 잘 관리하는 청지기가 되게 해 주십시오. 정말로 중요한 것들을 망각하면서까지 집착과 우상 숭배에 빠지지 않도록 도와주십시오.

소그룹에서 함께 나눌 질문들

1. 물질적인 것들을 잘 관리하는 교회와 그것들에 대해 집착과 우상 숭배로 흐른 교회의 차이점을 설명해 보라. 이 두 교회의 사례에는 무엇이 있을까?

2. 왜 수많은 교회가 '물질'을 둘러싸고 갈등을 빚을까?

3. 마태복음 6장 19-21절에 기록된 말씀을 읽고 그 말씀이 번영하거나 죽어 가는 교회에 어떻게 적용되는지 설명해 보라. 교회가 어떻게 하는 것이 그 말씀에 순종하는 길인가? "오직 너희를 위하여 보물을 하늘에 쌓아 두라 거기는 좀이나 동록이 해하지 못하며 도둑이 구멍을 뚫지도 못하고 도둑질도 못하느니라."

교회의 생명력을 유지시키는 12가지 길

아직
소망과 해법이
있다

PART 2

1

질병의 증상을 보이는 교회들을 위한

4가지 해법

철저한 변화 없이는
희망은 현실로
이루어질 수 없다

이 책이 짧지만 여기까지 오는 길이 꽤 고되었으리라 생각한다. 지금까지 많은 부정적인 정보를 제시했다. 그럴 수밖에 없었다. 이 책은 부검이기 때문이다. 나는 교회들이 죽는 이유를 파악하려고 노력했다. 쇠퇴와 죽음에 관해서 이야기하면서 기분이 유쾌하기는 힘들다.

하지만 이 마지막 세 장은 우울하지 않게 느껴질 수도 있다. 아직 살아 있는 교회들을 위해 소망과 해법을 제시할 참이기 때문이다.

하지만 오해하지는 말라. 이것들은 간단한 마법의 공식 같은 것이 아니다. 세 장에 걸쳐서 제시할 12가지 반응은 망가진 교회를 완벽하게 고칠 수 있는 해법이 아니다. 이것은 하나님께서 개입해 주시고 교인들에게 순종하는 마음을 달라고 부르짖는 것에 더 가깝다. 이것은 정말 심각한 일이다. 정신이 바짝 들게 만드는 일이다.

세 가지 유형의 교회들

이 마지막 세 장에서는 세 가지 유형의 교회를 다룰 것이다. 질병의 증상을 보이는 교회들, 매우 아픈 교회들, 죽어 가는 교회들이다. 각 범주에 속하는 교회들의 숫자를 추정해 보면 다음과 같다.

- 건강한 교회 : 10퍼센트
- 질병의 증상이 있는 교회 : 40퍼센트
- 매우 아픈 교회 : 40퍼센트
- 죽어 가는 교회 : 10퍼센트

이 수치가 정확하지는 않지만 미국 교회들의 실

질적인 상태를 반영하고 있다고 생각한다. 이번 장에서는 미국 교회의 약 40퍼센트를 차지하는 첫 번째 그룹을 살펴볼 것이다. 이는 초기이지만 분명한 질병의 단계에 접어든 교회들이다.

질병의 증상들은 무엇인가

이 범주에 속하는 교회는 약 15만 개가 넘는다. 그 과정은 불확실하지만, 질병이 뿌리를 내리고 있다는 신호 가운데 하나는 과거가 전성기였다는 태도가 교회 안에 만연해지는 것이다. 오래된 교인들에게 교회의 전성기에 관해서 물어보면 현재라고 대답하는 사람은 극소수이다.

숫자가 전부는 아니지만 분명 중요한 증상을 밝혀 준다. 질병의 증상을 보이는 교회들은 지난 5년 동안 예배 출석 숫자가 꽤 감소했을 가능성이 높다. 성장하더라도 주변 지역의 성장률보다 느리다. 교회가 쇠퇴하기 시작하면 많은 리더가 더 이상 수치를 보지 않는다. 그렇게 수치를 무시하면 상황은 더 악화된다.

이런 교회의 사역과 프로그램은 교회 밖에 있는 사람들보다 교인들을 위한 것으로 바뀌는 경향이 있다. 한마디로, 교회가 외부 초점에서 내부 초점으로 이동한다.

매년 새신자들이 어느 정도 유입되더라도 진정한 제자 훈련은 이루어지지 않는다. 사실, 이런 교회의 대부분은 제자 훈련에 관한 분명한 계획조차 없다.

마지막으로, 교회는 많은 프로그램과 사역을 진행한다. 그런데 이런 교회에는 분주한 활동이 가득하다. 심지어 대부분 의미와 목적이 없다. 대부분의 활동은 제자를 키우는 일에 별로 혹은 전혀 도움이 되지 않는다. 이런 프로그램과 사역의 주된 이유는 단순히 "그것이 우리가 항상 해 오던 일"이기 때문이다.

질병의 증상이 있는 교회, 4가지 해법

마지막 세 장에서는 12개 해법을 다룰 것이다. 각 장은 교회의 각 범주에 대해 4가지 해법을 제시한다. 노파심에 한 번만 더 말하자면, 이것들은 마법 공식 따위가 아니다. 이것은 각 교회에 맞게 적용해야 하는 가이드라인이다.

첫째, 교회가 있는 지역 사회에 다가갈 기회를 볼 수 있도록 리더들과 교인들의 눈을 열어 달라고 기도하라. 예수님은 승천하시기 직전에 예루살렘의 제자들에게 증인이 되라고 말씀하셨다.

오직 성령이 너희에게 임하시면 너희가 권능을 받고 예루살렘과 온 유대와 사마리아와 땅 끝까지 이르러 내 증인이 되리라 하시니라(행 1:8).

첫 번째 명령은 지역 사회에 영향을 미치는 것이다. 질병 증상을 보이는 대부분의 교회들은 내부 지향적으로 변했다.

둘째, 교인들이 교회에서의 시간을 어떻게 보내는지 솔직히 평가하라. 대부분의 이런 교회에서는 교인들이 자기 자신들을 위한 사역에 참여한다. 교회 밖의 사람들을 위한 사역은 아예 없는 경우도 많다. 교인들이 배타적인 집단을 형성하면 외부로 향하는 운동력을 상실한다.

셋째, 교회가 돈을 어떻게 사용하는지 솔직히 평가하라. 다시 말하지만 교회가 병이 들면 지역 사회를 섬기기보다 주로 자기 교인들을 위해 자금을 사용할 가능성이 높다. 균형이 열쇠인데, 대부분의 이런 교회는 불균형에 빠져 있다.

넷째, 지역 사회를 섬기고 전도하기 위한 구체적인 계획을 세우라. 기도는 했다. 현재 어떤 프로그램과 사역에 시간을 투자하고 있는지도 솔직히 평가했다. 교회가 자금을 어떻게 사용하는지도 살펴보았다. 이제 지역 사회에 영향을 미치기 위한 구체적인 계획을 세워야 할 차례이다.

내가 아는 한 교회의 리더는 근처 공립 초등학교

의 교장을 찾아갔다. 그는 교장에게 그 학교에 가장 필요한 것이 무엇인지 물었다. 그해 여름, 그 교회 교인 100명 이상이 그 학교의 벽에 페인트칠을 했다. 그 한 번의 결심으로 지역 사회를 섬기는 사역들이 탄생했다.

결단 기도

하나님, 교회를 솔직한 눈, 열린 눈으로 볼 수 있게 해 주십시오. 교회의 내부, 외부 사역에서 어느 부분이 불균형에 빠졌는지 파악할 수 있는 지혜를 주십시오. 교회가 지역 사회에 영향을 끼칠 수 있는 비전을 허락해 주십시오. 나아가 저를 교회에 꼭 필요한 변화를 일으키기 위한 촉매제요 도구로 사용해 주십시오.

소그룹에서 함께 나눌 질문들

1. 이번 장에서 당신은 질병의 증상들을 보이기 시작한 교회들에 관해서 읽었다. 어떤 증상들이었는가? 이 외에 또 어떤 증상들이 있을 수 있을까? 당신의 교회는 이런 증상을 보이고 있는가?

2. 질병의 증상을 보이고 있는 교회들에 필요한 4가지 해법을 정리해 보라. 이 4가지에 또 어떤 행동들을 더할 수 있을까?

3. 사도행전 1장 8절의 배경은 무엇인가? 이 구절을 질병의 초기 증상들을 보이고 있는 오늘날의 교회들에 어떻게 적용할 수 있을까?

매우 아픈 교회들을 위한

4가지 해법

회복을 진심으로 원한다면, 심각한 상태를 인정하고 기도하라

프랭크(Frank)는 내가 처음 목사로 섬겼던 교회의 교인이었다. 나는 그를 알지 못했지만 그에 관한 이야기는 여러 번 들었다.

그 교회는 매우 작은 시골 교회였다. 그래서 교인들끼리 다 알고 지냈다. 내가 들은 바로 프랭크는 세상을 떠나기 몇 년 전에 질병의 증세를 보이기 시작했다. 가끔 주변에서 병원에 빨리 가보라고 권유했지만 그는 듣지 않았다. 강인하고 독립적인 성격 탓이었는지도 모른다. 그곳은 워낙 가난한 시골 동네라서 사람들이 웬만하면 병원에 가지 않기도 했다.

이유야 어쨌든 프랭크는 점점 병세가 짙어갔지만 여전히 도움 받기를 거부했다. 그렇게 상태가 2년 넘게 악화된 후에야 비로소 그는 병원을 찾아갔다. 그가 의사를 찾은 것은 너무 아파서 일도 하지 못할 지경이 되었을 때였다. 빨리 몸을 추스르고 작은 농장을 운영하는 일을 다시 시작해야 했다.

약 이틀간의 검사 후 암울한 진단이 나왔다. 더 안타까운 사실은 조기에 발견되었다면 쉽게 치료할 수 있는 병이었다는 것이다. 1년 정도 이 병을 방치했다가 치료를 받고 깨끗이 나은 사람도 적지 않다.

하지만 프랭크는 2년을 기다렸다. 병세가 골수까지 파고들 때까지 방치했다. 결국 1년 뒤 그는 말기 판정을 받았다. 그리고 결국 세상을 떠났다.

슬픔에 빠진 그의 아내는 그가 조금만 일찍 병원을 찾아갔더라면 살아 있을 것이라는 말을 내게 몇 번이나 했는지 모른다. 그녀의 슬픔이 느껴졌다. 남편에게 더 강권하지 못한 죄책감도 느껴졌다.

병이 매우 심해진 교회들

'질병의 증세' 범주에서 하룻밤 사이에 '매우 심한 병'의 범주로 넘어가는 교회는 드물다. 대개 병은 서서히 진행된다. 이것이 교회 안에 있으면 병을 발견하고 다루기가 그토록 힘든 이유이다. 하루 이틀 지나서는 아무런 변화도 포착되지 않는다. 하지만 이면에서 악화가 진행 중이다. 개입 없이는 상황은 계속해서 나빠질 뿐이다.

어느 시점에서 교회가 '매우 심한 병'의 범주로 넘어갔다고 정확히 꼬집기는 힘들다. 교회는 프랭크와 비슷하기 때문이다. 상황은 오랜 시간에 걸쳐 점진적으로 악화된다. 교회가 너무 아플 때까지 기다리면 호전되기가 극도로 어려워진다.

우리는 질병 증상을 보이는 교회들과 마찬가지로 매우 아픈 교회들도 전체 교회의 40퍼센트를 차지하는 것으로 추정한다. 다시 말하지만, 이것은 15만 개 이상을 의미한다.

그렇다면 교회가 매우 아프다는 신호에는 어떤 것

이 있을까? 이번에도 용어와 정의는 다소 부정확하지만 주로 다음과 같은 신호가 두드러지게 나타난다.

- 지난 10-20년 사이에 큰 수적 하락을 보인다. 대부분의 경우 우리는 이 척도에 따라 출석 교인 숫자를 측정한다.
- 오래 지속된 냉담과 극심한 갈등이 자주 발생한다. 이런 교회는 냉담해 보이지만 한 번 갈등이 일어나면 뜻밖에 매우 강하게 일어난다.
- 교회는 지역 사회에 알려져 있지 않다. 동네 상점의 점원에게 교회에 대해 물어보라. 뜻밖에도 이런 교회의 존재를 아는 주민이 별로 없을 것이다.
- 새신자들이 드물다. 나가는 숫자가 들어오는 숫자를 훨씬 상회한다.
- 목사들이 자주 교체된다. 좌절과 갈등이 목사들의 임기를 줄인다.
- '좋았던 옛날'이 대체로 20년 이상 전이다. 교인들이 자신의 교회를 자랑스러워한 옛날이 매우

오래되었다.

매우 아픈 교회들이 반드시 이 모든 증상을 보이는 것은 아니지만 적어도 3가지 이상의 증상은 보인다.

매우 아픈 교회들의 문제는 프랭크의 문제와 비슷하다. 일단 이 단계로 넘어간 뒤에는 악화의 흐름을 뒤집기가 극도로 어렵다. 교인들이 문제를 좀 더 일찍 발견했다면 회복이 훨씬 더 쉬웠을 것이다.

안타깝게도 매우 아픈 교회가 회복되는 경우는 드물다. 시간이 지나면 말기 단계에 접어들어 결국 죽는다. 물론 시간 자체는 매우 길 수 있다. 교회들은 문을 닫기 전까지 이를 악물고 버티기 때문이다. 하지만 예배를 위해 문을 열고 있는 중에도 이미 교회가 아닌 상태가 된 '교회'가 많다.

매우 아픈 교회들, 4가지 해법

나는 언제나 소망을 전해 주기를 좋아한다. 하지만 거짓 소망을 전하는 일은 절대 하지 않는다. 현재는 이 범주에 속한 대부분의 교회들이 죽음을 향해 가고 있는 것이 현실이다. 다시 말하지만, 그 과정은 길 수 있다. 하지만 많은 교회의 경우, 죽음을 피할 수 없어 보인다.

하나님 안에서도 소망이 없을까? 하나님이 이 교회들의 흐름을 바꾸기 위한 기적을 행하실 수 없을까?

물론 아니다. 하지만 성경을 보면 하나님은 주로 의욕적인 사람들, 최소한 의욕적인 리더들을 통해 역사하신다. 하나님은 유대인들을 애굽 종살이에서 구하실 때 모세라는 리더를 부르셨다. 이 리더는 처음에는 나서기 싫어했지만 결국 하나님의 부르심에 순종했고 사람들이 따랐다.

포로 생활 후 예루살렘의 재건은 쉽지 않았다. 하지만 하나님은 느헤미야를 사용하셔서 성벽 재건의 작업을 이끌게 하셨다. 성전 재건을 위해서는 학개를 사용하셨다.

그렇다. 회복은 분명 가능하다. 하지만 대개 하나님은 순종하는 리더가 순종하는 사람들을 찾을 때까지 기다리신다.

그렇다면 매우 아픈 교회의 리더들과 교인들은 어떤 반응을 보여야 할까? 이번에도 4가지 광범위한 해법을 제시하겠다.

첫째, 교회는 심각한 상태를 인정하고 고백해야 한다. 대부분의 교회들은 자신의 상태를 인정하기를 거부한 끝에 죽음을 맞는다. 때로 하나님은 단 한 명의 리더를 사용하여 교회를 회복의 길로 이끄신다.

둘째, 교회는 무엇이든 필요한 조치를 취할 지혜와 힘을 달라고 기도해야 한다. 변화는 쉽지 않을 것이다.

셋째, 교회는 급진적인 변화를 적극적으로 추진해야 한다. 솔직히, 이 부분에서 가장 큰 저항이 나타나기 쉽다. 이런 교회는 수십 년간 뿌리를 내린 그릇

된 행동을 매우 짧은 시간에 바꾸어야 한다.

넷째, 그 변화는 행동과 외부 초점으로 이어져야 한다. 교회가 이런 급진적으로 변화를 향해 적극적으로 행동하기 시작하면 사실상 이미 새로운 교회로 변한 셈이다.

회복이 이루어질 수 있을까? 매우 쉽지 않다. 하지만 희망이 없지는 않다. 우리의 소망은 예수님이 하나님의 나라에 들어가길 원했던 부자 청년을 다루신 후에 하신 말씀에서 비롯한다.

사람으로는 할 수 없으나 하나님으로서는 다 하실 수 있느니라(마 19:26).

Prayer

결단 기도

하나님은 모든 일이 가능한 분인 줄 믿습니다. 교회를 절망에서 소망으로 이끌기 위해 제가 해야 할 일을 가르쳐 주십시오. 그리고 더없이 고통스럽더라도 그런 변화를 단행할 용기와 힘을 제게 주십시오.

소그룹에서 함께 나눌 질문들

1. 매우 아픈 교회의 증상들은 무엇인가? 당신의 교회에서 이런 증상이 보이는가?

2. 학개서 1장을 읽으라. 성전 재건에 관한 이야기가 매우 아픈 교회의 회복과 어떤 관계가 있는가?

3. 매우 아픈 교회의 리더들과 교인들이 회복을 진심으로 원한다면 어디서부터 바꿔야 하는가? 어떤 희생을 해야 하는가? 어떤 위안을 포기해야 하는가?

죽어 가고 있는 교회들을 위한

4가지 해법

하나님의 영광을 위해 당신의 교회를 놓을 용기와 힘을 내라

죽음, 죽어 가는 같은 주제는 누구나 피하고 싶은 주제이다. 하지만 예수님이 우리가 죽기 전에 돌아오시지 않는다면, 죽음은 우리 모두에게 피할 수 없는 길이다. 따라서 죽음이 존재하지 않는 것처럼 굴지 말고, 하나님께 가장 영광이 되는 방식으로 우리 육신의 죽음을 받아들여야 한다.

많은 사람이 주변 사람의 죽음을 경험한다. 죽음에 대한 나의 첫 경험은 아버지를 통해서였다. 당시 나는 스물여덟 살이었다. 아버지의 죽음에 관한 소식을 들었을 때 받아들이고 싶지 않았다.

현실 부정이 지나간 뒤에는 아버지의 죽음이 부당하다고 생각해 마음속에 분노가 가득했다. 당시 나의 두 아들은 각각 두 살과 세 살이었다. 셋째 아들은 아직 태어나지 않았다. 나는 손자들이 자라는 모습을 아버지가 보시기를 바랐다. 아버지가 내게 해 주었던 것처럼 내 아들들에게도 놀라운 영향을 끼쳐 주시기를 바랐다.

지금 생각하면 이기적이었던 것 같다. 나는 아버지가 나를 위해 살아 주시기를 바랐다. 내게 아버지가 필요했다. 아버지의 차분한 위로가 필요했다. 아버지의 조언이 필요했다. 아버지의 사랑이 필요했다. 아버지가 살아 있기를 바랐다.

당시 나는 스물여덟 살이었다. 아버지가 몇 십 년은 더 내 곁에 있을 줄 알았다. 아버지는 세상을 떠나기엔 너무 젊었다. 아버지의 죽음은 부당했다. 아버지는 제2차 세계대전에서 큰 상처를 입고도 살아남은 사람이었다. 퍼플 하트(Purple Heart) 훈장을 비롯한 많은 훈장을 받으셨다. 과거에는 아버지를 그렇게 잘 보호해 주셨던 하나님이 왜 암 따위가 아버지를 데려가도록 두신 것일까?

나는 아버지가 죽어 가고 있다는 사실을 받아들

이지 않으려고 했다. 아버지는 나의 영웅이었다. 아버지는 나의 가장 좋은 친구였다.

의미 있는 대화

그것은 내가 아버지와 마지막으로 나눈 의미 있는 대화였다. 그때 나는 아버지를 위로한 것이 아니라 오히려 위로를 받았다. 이것도 역시 부당했다. 이번에도 나는 이기적이었다.

아버지는 내게 이 말이 필요할 줄 아셨다. 아버지는 언제 어떻게 예수님을 영접하게 되었는지를 말씀하셨다. 어떻게 목숨을 걸고 전쟁터에 나가게 되었는지를 이야기해 주셨다. 전쟁터에서 돌아와서 나의 어머니와 결혼하게 되면 자녀의 미래를 하나님을 섬기는 일에 바치기로 서원했다는 말도 하셨다.

아버지는 사랑이 가득한 눈, 그리고 내 안을 꿰뚫어보는 진실의 눈으로 나를 보며 말씀하셨다. "아들아, 너희 형제는 내 기도의 응답이란다. 이제 이 아비는 충분히 살았다. 이젠 가야 할 때가 되었구나. 이 아비는 괜찮을 거야."

나는 아버지를 즉시 놓지 않았다. 몇 주의 시간이 걸렸다. 하지만 아버지를 놓는 과정은 그날 시작되었다.

죽음은 인간의 죄와 함께 세상 속으로 들어왔다. 하지만 예수님의 죽음과 부활로 영생이 세상 속으로 들어왔다.

아버지는 돌아가셨다. 아버지의 장례식이 내가 처음 집도한 장례식이었다. 나는 아버지를 떠나보냈다.

품위 있는 죽음

자신의 교회가 죽기를 바라는 사람은 어디에도 없다. 누구도 사랑하는 교회를 떠나보내기를 원하지 않는다. 누구도 많은 세월동안 몸과 마음을 바쳤던 교회를 잃기를 원하지 않는다.

하지만 교회들은 죽는다. 물론 보편 교회(universal

church)는 결코 죽지 않는다. 하나님은 이 사실을 더 없이 분명히 말씀하셨다. "내가 이 반석 위에 내 교회를 세우리니 음부의 권세가 이기지 못하리라"(마 16:18).

하지만 개별 교회들은 죽는다. 당신의 교회가 죽어 가는 교회들 중 하나인가? 나는 이 짧은 책 내내 그런 교회의 증상들을 기술했다.

내가 아버지에게 했던 것처럼 굴고 있는가? 죽음이 진행되지 않는다며 현실을 부정하고 있는가?

하지만 이제는 놓아 주어야 할 때이다. 억지로 붙잡아 봐야 아무런 도움이 되지 않는다. 죽어 가는 교회는 잘 죽기 전까지는 하나님의 나라에 별로 유익하지 않다.

그렇다면 교회가 어떻게 죽는 것이 잘 죽는 것일까? 이 작은 책을 마무리하면서 4가지 반응을 제시하고자 한다. 품위 있게 죽는 교회의 교인이 될 수 있는 4가지 방법을 소개한다.

죽어 가는 교회들, 4가지 해법

당신의 교회가 죽어 간다는 사실을 진정으로 인정했다면 당신을 비롯한 남은 교인들은 무엇을 해야 할까? 교회의 죽음이 하나님 나라에 실질적인 보탬이 되기를 원한다면 교회의 마지막 나날에 무엇을 해야 할까? 4가지 방법이 있다.

첫째, 모든 재산을 팔아 다른 교회, 이왕이면 막 개척하거나 곧 개척할 새 교회에 주라. 당신 교회의 죽음이 다른 교회의 삶에 도움이 되게 할 수 있다.

둘째, 건물을 다른 교회에 주라. 미국에서 매달 수천 개의 새로운 교회가 문을 연다. 이런 신생 교회의 가장 큰 난관은 모임을 가질 장소를 구하는 일이다.

셋째, 교회가 변화하는 지역에 있다면 교회의 리더 자리와 재산을 그곳에 실제 거주하는 주민들에게 넘기라. 몇몇 영국인 교회들은 자신들의 지역에서 흑인 혹은 다른 인종 집단이 다수를 형성하기 시작하자 그렇게 하기 시작했다.

넷째, 다른 교회와 합병하되 다른 교회에 소유권과 리더 자리를 넘기라. 쉽게 말해, 건강한 교회가 당신의 교회를 흡수하게 하라. 이것은 희생적인 일이다. 이것은 품위 있는 죽음이다.

이 모든 방법은 진정한 희생을 요구하기에 고통스럽다. 이것은 다른 교회가 살도록 우리 교회를 죽게 하는 일이다. 그렇게 하는 이유는 죽음으로 궁극의 희생을 하신 분의 본을 따르기 위함이다. 이것은 우리가 따라야 할 최상의 본이다.

Prayer

결단 기도

저희 교회가 죽는 것이 하나님의 뜻이라면 알려 주십시오. 하나님의 영광을 위해 저희 교회를 놓을 용기와 힘을 주십시오.

소그룹에서 함께 나눌 질문들

1. 마태복음 16장 18절이 죽어 가는 교회와 무슨 상관이 있는가?

2. 죽어 가는 교회가 다른 교회에 생명을 줄 수 있는 4가지 방법은 무엇인가?

3. 이 짧은 책에서 무엇을 배웠는가? 이 책을 읽을 때 하나님이 당신에게 무엇을 가르쳐 주셨는가?

_____
감사의 말
_____

교회 회복을
꿈꾸는 이들과
함께하며

내가 인간의 죽음이든 교회의 죽음이든, 죽음에 관한 주제로 책을 쓰게 될 줄은 전혀 예상치 못했다. 나는 천성이 희망적이고 낙관적이다. 솔직히 죽음은 내게 있어 피하고 싶은 주제이다.

그런데 내 블로그 www.ThomRainer.com에 '죽은 교회에 대한 부검'이란 글을 올리고 난 후 폭발적인 반응을 보고 깜짝 놀랐다. 그 글은 지금까지도 내 포스트에서 가장 많은 사람이 읽은 글로 남아 있다. 여러 날이 지나서도 여전히 매일같이 사람들은 그 글을 읽고 있다. 그 글은 그만큼 많은 사람의 공감을 사고 있다.

먼저, 내 블로그의 독자들에게 감사한다. 개중에

는 내가 이름을 아는 이들도 있지만 1년 동안 찾아오는 수백만 명의 독자들을 일일이 다 알 수는 없다. 그들 모두에게 내가 쓴 글을 읽을 시간을 내어 주어서 감사하다는 말을 전하고 싶다. 누군가 내 글을 읽기를 원한다는 사실이 지금도 여전히 놀랍기만 하다.

오늘날 출판계에서 가장 훌륭한 팀 가운데 하나인 B&H 팀에 깊이 감사한다. 그 팀의 모든 사람의 이름을 언급하면 좋겠지만 그럴 수 없기에 안타깝다. 제니퍼 라이엘(Jennifer Lyell)과 데빈 매독스(Devin Maddox)에게 감사한다. 이들은 최고의 편집자들이요, 역동적인 리더들이며, 끝까지 격려해 주는 사람들이다. B&H에서 가장 높으신 분들인 셀마 윌슨(Selma Wilson)과 코시 파카레스(Cossy Pachares)에게 감사한다. 이들은 잠자는 나를 깨워 이 사역을 하도록 독려해 주었다.

또한 '레이너 팀'(Team Rainer)을 꾸리게 해 주셔서 뭐라고 감사해야 할지 모르겠다. 'A' 팀원들만 해도 좋은데 나는 'A+' 팀원을 세 명이나 둔 호사를 누리고 있다. 에이미 조던(Amy Jordan), 에이미 톰슨(Amy

Thompson), 조나단 호우(Jonathan Howe)가 그들이다. 이들은 내 SNS 활동, 조직 활동, 내가 쓰는 모든 글 이면의 브레인이요 심장이다.

나를 조금이라도 아는 사람이라면 내가 가족을 얼마나 사랑하는지 알 것이다. 아내 넬리 조를 사랑한다. 아들들인 샘(Sam), 아트(Art), 제스(Jess)를 사랑한다. 며느리들인 에린(Erin), 사라(Sarah), 레이첼(Rachel)을 사랑한다. 또한 일곱 손주들을 사랑한다. 이 책이 출간될 즈음에는 더 많은 손주들이 탄생하리라 기대해 마지않고 있다. 부담을 주는 것은 아니다.

내 책을 읽어 주는 독자들이 있다는 사실이 지금도 여전히 놀랍기만 하다. 모든 독자에게 감사한다. 당신이 어떤 기대나 소망이나 부담감을 안고 이 책을 집어 들었는지 모르겠지만 하나님이 이 책을 당신과 당신의 교회에 유익하게 사용하시기를 간절히 기도한다.

궁극적으로, 사랑하는 나의 주님께 가장 큰 감사를 올려 드려야 마땅하다. 이 책은 그분의 교회에 관한 책이다. 그분은 교회를 위하신다. 그분은 교회를 사랑하신다. 그분의 능력으로 나의 보잘것없는 글이 교회를 돕는데 조금이나마 쓰이기를 소망한다. 이 책이 그렇게 쓰인다면 그 공로는 모든 영광의 주인이신 하나님께 돌려야 마땅하다.

1. This number is based on the foundational research for my book *Breakout Churches*

Autopsy
of a
Deceased
Church